U0956037

航天科工出版基金资助出版

航天统计工作实务手册

杨 波 编

中国宇航出版社

·北 京·

版权所有　侵权必究

图书在版编目（CIP）数据

航天统计工作实务手册 / 杨波编. -- 北京：中国宇航出版社，2023.4

ISBN 978-7-5159-2233-1

Ⅰ.①航…　Ⅱ.①杨…　Ⅲ.①航天企业－企业统计－中国－手册　Ⅳ.①F426.5-62

中国国家版本馆 CIP 数据核字(2023)第 076175 号

责任编辑　朱琳琳　　**封面设计**　王晓武

出版发行　中国宇航出版社

社　址　北京市阜成路 8 号　**邮　编**　100830
(010)68768548

网　址　www.caphbook.com

经　销　新华书店

发行部　(010)68767386　(010)68371900
(010)68767382　(010)88100613（传真）

零售店　读者服务部　(010)68371105

承　印　三河市君旺印务有限公司

版　次　2023 年 4 月第 1 版
2023 年 4 月第 1 次印刷

规　格　710×1000

开　本　1/16

印　张　17

字　数　245 千字

书　号　ISBN 978-7-5159-2233-1

定　价　59.00 元

本书如有印装质量问题，可与发行部联系调换

前 言

统计信息是管理决策的重要依据。为便于广大统计从业人员了解和掌握统计基本知识、统计方法及相关知识，了解主要统计指标的涵义，准确使用统计数据，提高统计工作质量和水平，中国航天科工集团有限公司（简称集团公司）组织编写了《航天统计工作实务手册》（简称手册）。

手册分为四个部分。在第一部分统计基本知识中，介绍了有关统计基本概念和范畴以及经济学基本概念。包括社会经济统计、国民经济核算、工业统计、固定资产投资统计、建筑业统计、劳动工资统计、科技统计、对外贸易统计、经济学等基本概念。在第二部分统计分析报告中，介绍了常用分析方法、统计分析报告撰写及注意事项等内容。在第三部分怎样做好统计工作中，对统计从业者自身素质提出要求，并介绍了填写报表时需要认真对待的事项。在第四部分中介绍了在统计认识上需要注意的几个事项，避免产生误判。

手册紧密围绕集团公司经济结构和产业结构状况，紧扣集团公司统计工作实务，有较强的针对性。编排科学合理，突出实用性，强调规范性，适合于统计人员和经营管理人员参考使用。

由于编写时间仓促和编者水平所限，不妥之处在所难免，敬请读者批评指正。

编　者

2023 年 3 月

目　录

第一部分　统计基本知识

一、统计基本概念和范畴

（一）社会经济统计

【统计】

统计一词有三种含义，即统计工作、统计资料、统计学。统计工作是指在科学的统计理论和方法指导下，对大量社会现象的数量方面所进行的统计调查、统计整理和统计分析的工作。统计资料是统计工作的成果，包括统计调查资料、对调查资料加工整理的资料以及统计分析资料。统计学是研究统计工作理论和方法的科学，是对统计工作实践的科学概括和总结，为统计工作提供原理、原则和方法。

【统计资料】

反映事物、现象或过程的数据资料，包括原始资料和次级资料。统计资料有如下特点：（1）数量性。一般资料有数据形式，也有文字形式，但统计资料都是数据资料。（2）大量性。统计资料是大量现象或对同类现象大量观测所取得的数据资料，而不是反映个别现象的少量或个别数据。（3）具体性。统计资料是已经实现事实的记载，而不是拟议中的数据资料（如计划数据），故各种质量标准或技术规范等资料，尽管往往也具有数量性和大量性，但都不是统计资料。

【统计工作】

搜集、整理、分析统计资料及据此进行统计推断的过程。统计工作分为四个阶段：（1）统计设计。（2）统计调查。（3）统计整理。（4）统计分析和推断。

统计工作的基本任务是，对国民经济和社会发展情况进行统计调查、统计分析，提供统计资料，实行统计监督。通过统计工作，实现统计的信息、咨询、监督的职能。

【统计科学】

简称“统计学”。研究统计资料的搜集和整理，以及统计工作的理论和方法的科学。统计学，按学科分为数理统计、社会经济统计以及某些自然科学的专门统计（如生物统计学等）；按内容，分为描述统计和推断统计；按研究对象，分为理论统计学和应用统计学。

【社会经济统计】

研究社会经济现象或过程中的统计理论和方法的一门社会科学。以大量社会经济现象的数量方面为研究对象的社会经济统计学，包括社会经济统计学原理、社会统计、经济统计、部门统计等学科或分支。社会经济统计用大量数据资料综合说明社会经济现象的规模、水平、速度、构成和比例关系等，建立和利用一系列统计指标，从数量方面揭示和说明现象的特征与实质。它除了具有统计的一般特点外，还有其特殊性：（1）与科学技术统计所研究的无限总体不同，其所研究的社会经济总体大都属于有限总体。（2）它所研究的社会经济现象具有社会性。

【数理统计】

研究统计工作的一般原理和方法的科学。数理统计的理论和方法，就是搜集、整理、分析统计数据，并据以对研究对象进行统计推断的理论和方法。其理论和方法，既适用于自然科学也适用于社会科学，既适用于科学技术也适用于管理和工农业生产。统计推断（由样本推断总体）的理论和方法，是数理统计的核心内容，其基本问题有统计估计和统计检验两大类。数理统计有众多的分支，如抽样技术、试验设计、回归分析、方差分析、相关分析、非参数统计、时间数列分析、序贯分析、多元统计分析等。它们所要解决的问题多种多样，但是这些分支都是围绕统计推断建立起来的，其基本问题都可以归结为统计估计和统计检验。数理统计在各个领域都有广泛应用。

【经济统计】

全称“国民经济统计”。以国民经济为总体的，研究社会再生产过程中的生产、分配、流通和消费等环节的统计理论和方法的科学，是进行经济管理和宏观控制的重要工具。其主要任务是：（1）研究制定一套综合指标体系及其核算方法，进行国民经济核算，以反映国民经济发展的水平、结果、相互联系、动态和效果，涉及社会生产和产品、国民收入和国民财富、生产力、财政、生产费用和流通费用、国民经济效率等。（2）反映和分析国民经济发展中所实际形成的各种比例关系，如积累和消费的关系，农、轻、重工业之间的关系等，为编制计划和进行决策提供依据。（3）反映和研究经济效益。国民经济各部门统计，都要依据国民经济统计制定的指标体系的一般原则及核算方法。

【社会统计】

社会经济统计的分支，各种社会活动、社会关系、社会现象的统计。社会统计从社会总体出发，以人们的物质文化生活为中心，从数量关系上研究和描述社会状况、社会问题和社会发展趋势，通过科学的社会统计指标及指标体系，全面地观察和监测社会发展的全貌，为国家制定社会规划和政策，进行科学的社会管理服务。经济统计以社会生产为中心，社会统计以社会生活为中心，包括环境统计、人口统计、卫生统计、体育运动统计、教育统计等。

【部门统计】

社会经济统计的基本分科。以社会经济统计的一般理论和国民经济统计的一般原则为基础建立的国民经济各部门的统计，如工业统计、农业统计、商业统计、劳动统计、人口统计、基本建设统计等。每一部门统计，研究社会生产、社会生活某一领域的数量方面，研究和制定该部门指标体系及核算方法，进行该部门的统计工作。

【描述统计】

统计的基本内容之一，搜集、整理、加工和分析统计资料，使之系统化、条理化，以显示出资料的趋势、特征和数量关系。其主要方法有：(1) 用统计分组、统计图表、统计（次数）分布等表示资料的分布状况。(2) 计算各种综合统计指标，如平均指标、标志变异指标和相关系数等，用以测定、表现资料分布状况。描述统计是推断统计的基础，实用性较强，在统计工作中经常使用。

【推断统计】

数理统计学的核心内容。由统计数据（或样本）对研究对象（总体）做出推测和判断。推断统计所要解决的基本问题可以归结为统计估计和统计假设检验两大类。各种统计推断方法也可以分别归结为统计估计方法和统计检验方法两大类。统计推断方法，按已掌握关于总体的信息的程度，分为参数的和非参数的；按所掌握的原始数据的多少，分为大样本的和小样本的。描述统计和推断统计的划分并不是绝对的，二者之间既有区别又有不可分割的联系。一方面描述统计为推断统计提供必要的统计信息，另一方面描述统计的许多原理和方法又源于推断统计的一定要求。

【统计方法】

在统计研究和统计工作过程中所采用的一整套研究方式、方法和技术。如统计分组法、对比分析法、大量观察法、综合指标法、时间数列法、方差分析法、指数法、回归分析法、相关分析法等。这些方法各有特点和作用，既适用于不同的统计研究任务，又可以相互结合、相互补充。贯穿在各种方法中的基本方法是大量观察法、统计分组法和综合指标法。

【统计设计】

统计工作的第一个阶段。根据统计工作研究的对象和目的，在统计定量研究之前，对统计工作各个方面、各个环节和全部过程进行全盘考虑和适当安排。统计设计的结果表现为各种设计方案，如统计指标体系、分类目录、调查方案、统计报表制度、汇总或整理方案以及试验设计方案等。每一项统计工作都会涉及相互联系的各个方面和各个环节。统计设计就是要从纵、横两个方面对整个统计工作做出总体规划。统计设计，按范围可分为整体设计和专项设计；按工作阶段可分为全阶段设计和单阶段设计；按时期可分为长期设计和短期设计。

【统计分析】

也称“综合统计分析”，是统计工作的一个重要阶段。运用各种统计方法，对取得的数字资料和具体情况进行分析研究，认清情况，发现问题，揭露矛盾，反映现象的本质及其发展规律，提出解决矛盾的办法的一种认识活动。统计分析以统计数据为基础，对被研究现象的本质进行分析，从有关统计指标数值及其关系中发现矛盾，抓住关键，提出建议。统计分析报告是运用统计方法对统计资料进行分析研究所形成的结论。统计分析报告的核心是用统计数据说话，任何脱离统计数据资料的分析报告都不是统计分析报告。如果统计分析环节缺失或做得不好，统计工作的作用和地位就会被明显削弱，无法达到统计工作的预期效果。统计分析工作既是统计工作的落脚点，又是统计从业人员的重要职责。因此，统计从业人员必须学会撰写较高质量的统计分析报告。

常用的统计分析方法有：统计分组法、对比分析法、综合指标法、动态分析法、指数法、因素分析法、相关分析法、回归分析法等。

【统计的整体功能】

统计工作同时兼有相对独立，而又融为一体的信息、咨询和监督三种功能。信息功能，是指根据科学的统计指标体系和统计调查方法，灵敏、系统地采集、处理、传递、存贮和提供大量的以数量描述为基本特征的社会经济信息。咨询功能，是指利用已经掌握的丰富的统计信息资源，运用科学的分析方法和先进的技术手段，深入开展综合分析和专题研究，为科学决策和管理提供各种可供选择的咨询建议及对策方案。监督功能，是指根据统计调查和统计分析，及时、准确地从总体上反映经济、社会和科技运行状态，并对其实行全面、系统的定量检查、监测和预警，以促使国民经济按照客观规律的要求持续、稳定、协调地发展。

统计的上述三种功能是互为条件、相辅相成、相互作用的。其中，信息功能是保证咨询和监督功能得以有效发挥的基本前提；咨询功能是信息功能的延续和深化，是通过对所采集信息进行去粗取精、去伪存真、由表及里、由此及彼的制作过程，以探求经济、社会和科技发展的内在联系和规律性；监督功能则是在信息、咨询功能基础上的进一步拓展，是通过信息反馈来评判、检验决策方案是否科学可行，并及时对决策过程中出现的偏差提出矫正意见。

统计的信息、咨询和监督三种功能是一个有机整体。只有进一步优化统计信息功能，提高统计咨询水平，强化统计监督功能，并使这三大功能凝聚成合力，发挥其整体功能，提高其整体效应，才能充分体现和发挥统计工作在宏观经济管理中的重要地位和作用。

【统计监测与预警】

通过一定的统计指标，从宏观上对国民经济运行系统的各个主要方面进行过程性刻划、追踪分析和警情预报。统计监测和预警是国民经济宏观调控系统的组成部分。

监测与预警既有联系又有区别。二者在内容及作用上构成一个整体，监测为预警服务，预警也为监测提供必要信息。但监测侧重于经济活动的运行分析，旨在揭示经济活动中各种因素的关系和经济变化的内在规律，是现实经济运行轨迹的实证展现；而预警则侧重于经济活动和发展方向的险情预报，旨在引起人们对经济生活中各种不正常现象的注意和重视，是对未来经济趋势的科学推断。

【统计标志】

说明总体各单位属性或特征的名称。例如某职工性别是男，民族是汉族，年龄 30 岁，工资 5000 元，这里的男、汉族、30 岁、5000 元分别表明该职工某些方面的属性或特征，而这些属性或特征的名称分别为性别、民族、年龄、工资，则性别、民族、年龄、工资就是说明职工总体的每个职工属性或特征的标志。

统计标志有品质标志和数量标志之分。一般表明总体单位质的特征，只能用文字表示，不能用数值说明的标志称为品质标志，例如职工的性别、民族、职业、文化程度等；一般表明总体单位量的特征，可以用数值说明的标志称为数量标志，例如职工的年龄、工龄、工资等。说明数量标志的数值叫标志值，如以上的 30 岁、5000 元等。

统计标志还可以分为可变标志和不变标志两种。总体中标志的具体表现在各个单位上不相同的，称为可变标志（亦称变异标志），相同的称为不变标志。例如我国规定人口普查时的对象是具有中华人民共和国国籍，并在中华人民共和国国境内居住的人，按照此规定，作为调查对象的人口总体中，国籍和居住国境是不变标志，而性别、年龄、民族、职业等则为可变标志。

统计标志是统计认识的内容，统计就是通过总体中各种标志的具体表现来了解和研究总体的各种数量状况的。

【品质标志】

亦称“属性标志”。总体单位的质的或属性的特征。如人的性别、工种、民族、职业等。品质标志不能直接用数值度量，但可以用数值表示——数量化。如可以用“0”表示合格品，用“1”表示不合格品。一般可以用不同编号表示同一品质标志的各种可能表现。如果把它的每一种表现称作一个可能值，则品质标志也是有有限或可数个可能值的离散标志。但由于上述的编号不具有数字系统的运算性质，因而数量化了的品质标志并非数量标志。品质标志，有名义的和有序的两种：各种表现或状态间无次序关系的品质标志，称作“名义的”，如性别、民族、职业等；各种表现或状态间存在次序关系的品质标志，称作“有序的”，如颜色的深与浅，产品质量的优与劣等。

【数量标志】

总体单位的数量特征。用连续变化的量表示的数量特征，称作“计量标志”；用整数表示的数量特征，称作“计数标志”。如对于工业企业构成的总体，产值、固定资产是计量标志，职工人数是计数标志。

【分组标志】

统计分组所依据的标志。例如，为了研究人口年龄结构，需要把人口按年龄分组，则年龄就是分组标志。正确选择分组标志，是科学分组的关键，是使统计研究获得正确结论的前提，其原则是：（1）根据统计研究的具体目的选择。（2）选择最能反映事物本质特征的标志。（3）结合研究对象所处的具体历史条件来选择。

【时点标志】

反映总体单位在某一时点上状况的标志，如对于某市所有工业企业的总体，企业年底原材料库存量是时点标志。

【时期标志】

反映总体单位在一段时期内发展总量的标志，如对于某市所有工业企业的总体，企业的年产值是时期标志。

【统计指标】

简称“指标”。统计的基本概念。总体现象的综合数量特征，包括名称和数值，前者是指标质的范畴，后者是指标量的体现。指标从数量方面综合反映总体现象。指标按其所说明的总体现象的内容，分为数量指标和质量指标；按其表现形式，分为总量指标、相对指标和平均指标；按所采用的计量单位，分为实物指标、价值指标和劳动指标；按所属时间，分为时点指标和时期指标。统计指标的特点是：（1）综合性（整个总体的综合特征）；（2）数量性（都是用数量表示的）；（3）可量性（切实可以计算）；（4）现实性（是已有事实的数值表现，不同于拟议中的指标，如计划指标）。统计指标通过统计标志（值或表现）的汇总来计算。统计指标和标志的区别在于，前者是整个总体的综合数量特征，而后者是单个总体单位的数量或属性特征。统计标志有不能用数值表示的品质标志和能用数值表示的数量标志，而统计指标都是用数值表示的。

对统计指标可以有两种解释：（1）反映总体数量表现的概念和数值，例如我国某年国民生产总值为若干亿元，某企业某年工业总产值为若干万元等。这种完整的统计指标包括五个要素，即指标名称、计量单位、时间限制、空间限制和指标数值。（2）反映总体数量表现的概念，例如国民生产总值、工业总产值、营业收入等。在这里，所谓的统计指标不包括具体数值，这种涵义的统计指标一般在统计理论和统计调查方案设计上使用。

统计指标与标志的联系表现为：（1）有许多统计指标数值是从总体单位的数量标志值汇总而来的，例如以全国工业企业为总体，汇总各工业企业职工人数这一数量标志值得到全国工业企业职工人数统计指标，汇总各工业企业工业增加值这一数量标志值得到全国工业企业工业增加值统计指标，等等。（2）指标与标志之间存在变换关系，即由于研究目的和对象不同，原来的统计总体如果变成总体单位，则相对应的统计指标也就变成了标志，反过来也是如此。

【质量指标】

数量指标的对称。反映事物、现象或过程的一般水平、深度或强度、发展速度或效率、内部结构、相互联系或比例关系等质的或定性的指标，一般用相对数或平均数表示，通常由数量指标对比求得。如产品合格率、平均产量、成本利润率、劳动生产率、平均工资等，都是质量指标。但质量指标不能包括所有的相对数和平均数指标，例如，人口密度、人均耕地这些相对数指标不能归入质量指标之内。质量指标反映社会经济现象达到的平均水平或相对水平，可借以评价社会经济现象的好坏和经济效果的优劣。

【数量指标】

亦称“总量指标”“绝对（数）指标”。说明现象数量多少和规模大小的指标。一般为绝对数，表示事物或现象的总量：总体标志总量或总体单位总量。如产量、商业网点数、学校数、人口数、总产值等，都是数量指标。但是，数量指标并不能包括所有的绝对数指标。数量指标一般是把总体单位个数加总或总体单位的某个标志值直接加总计算出来，从指标数值的表现形式来看，它不仅是用绝对数表示的，而且要有计量单位。

【总量指标】

即“数量指标”。

【实物指标】

用事物的个体单位或自然物质单位来计算和表示的指标。例如，用头数表示的牲畜数量，用吨数表示的钢铁产量，用度数表示的电力消耗量等。实物指标直接反映使用价值的数量，能具体表现经济活动的规模和水平。掌握国民经济的基本情况，计划各种生产任务，研究各种物资的资源与使用的平衡，分析各种产品对人们需要的满足程度，都广泛地应用实物指标。

【价值指标】

又称货币指标。用货币单位来计算和表示的指标。例如，工农业总产值、国民收入、工资、成本、资金、利润等。价值指标的特点就在于它代表一定的社会必要劳动量，能对不同的实物指标进行综合计算，它对于研究全国、地区、部门和企业各种经济活动的总规模、总水平、总速度，是不可缺少的。但价值指标比较抽象，应和实物指标结合起来应用。

【劳动指标】

用劳动单位计量的总量指标。如出勤工时（或工日）总量、定额工时产量等。

【标准实物指标】

以标准实物单位计量的总量指标。如把各种不同含量的化肥折合为含量100%的化肥总量，把各种不同发热量的能源折合为7000大卡/千克的标准煤总量等。

【正指标】

亦称“直接指标”。数值大小与现象的发展程度、密度或强度等成正比例的统计指标，一般用相对数或平均数表示。对于正指标，指标数值越大，现象的密度、强度越大或平均水平越高。正指标的倒数称作“逆指标”，如：

$$劳动生产率=\frac{生产成果}{劳动消耗}（正指标）$$

$$劳动生产率=\frac{劳动消耗}{生产成果}（逆指标）$$

【逆指标】

亦称“反指标”“倒指标”。相应正指标的倒数。数值大小与现象的发展程度、密度或强度等成反比例的统计指标。即指标数值越大，现象的密度、强度越小，平均水平越低。

【变异指标】

亦称“标志变动度”“离中趋势”。变量或统计数据的一类数字特征。反映总体中各单位标志值差别大小的程度或离散情况的指标。主要有全距（亦称极差）、平均偏差、方差和标准差、变异系数和四分位差等。变异指标反映变量值或统计数据的波动、散布的程度，用于评价平均指标的代表性，反映社会生产和其他社会活动的均衡性或协调性。

【综合指标】

即“统计指标”。

【指标体系】

全面反映某种事物、现象或过程的，一系列相互联系的统计指标的全体。指标体系分为基本指标体系和专题指标体系。基本指标体系，综合反映国民经济和社会发展及其各组成部分的基本情况，有三个层次：最高层是整个国民经济或社会发展的指标体系；中间层是地区或部门的指标体系；最基层是企业或事业单位的指标体系。专题指标体系，综合反映某一社会经济问题，如经济效益指标体系、人民物质文化生活水平指标体系等。设计指标体系，应全面反映客观事物或现象的发展过程，既要保持相对的稳定性，以便于历史资料的对比，又应注意随着客观事物的发展变化有所调整。

【绝对数】

统计数据和指标的基本形式之一。反映事物或现象的规模、数量、范围或水平的数。用绝对数表示的指标，表示总体的单位总数或某种标志的总量，故亦称“总量指标”。如工业企业总数、工人总数、国民收入等。其数值随着研究范围的大小而增减。绝对数，分为个体绝对数和总量绝对数；总量绝对数，又分为总体单位总量和标志总量；按时间分为时期绝对数和时点绝对数。绝对数都有一定的计量单位，常用的有实物（或标准实物）单位、价值单位和劳动（或时间）单位。总量绝对数在实际工作中被广泛应用，它表明人力、物力和财力的数量和动态，是计算相对数或平均数的基础。

【时期绝对数】

反映事物、现象或过程在一定时期内数量方面的绝对数，如一定时期的产品产量、商品流转额、工业总产值等。时期绝对数的各时期数值直接相加可以说明较长时期内现象发生的总量，其数值大小和现象活动过程的长短有直接关系。

【时点绝对数】

反映事物、现象或过程在某一时点上数量方面的绝对数，如人口数、设备台数、商品库存数等。时点绝对数，是通过一次性调查得来的，其数值大小与时间间隔长短没有直接关系，各时点数值不能直接相加。

【实物单位】

绝对数的计量单位之一。由事物或现象的物理性质或自然性质确定的计量单位，有自然单位、度量衡单位、复合单位和标准实物单位等。自然单位按事物的自然状态来度量其数量，如人口以人为单位。度量衡单位是按统一的度量衡来度量事物的数量，如长度、面积、重量单位。复合单位是把两种单位结合起来度量事物数量，如货物周转量以“吨公里”为单位。实物单位的优点在于直接反映事物的使用价值或具体内容，表明事物的规模或水平，其缺点是不同的实物单位的量不能相加。

【标准实物单位】

用于同类产（商）品的特定计量单位。对于具有相同物理性能或用途的产（商）品，把其中一种规定为“标准产品”，其他产品按标准产品的计量单位折算，换算标准实物量。例如，不同机型和不同功率的拖拉机，可以以一定功率折合一标准台，然后计算标准台数。

【价值单位】

亦称“货币单位”。绝对数的计量单位之一，用货币度量社会财富或劳动成果的一种计量单位。例如，工业总产值、商品销售额、工资总额、国民收入、利润等都是以货币计量的。价值单位使不能直接相加的量过渡到能够相加，可以综合说明具有不同使用价值的产品总量或商品销售量的总规模、总水平、总速度，并使之具有可比性。用价值单位计量时，使用不变价格和现行价格两种不同形式进行核算。不变价格，即某一固定时间的价格，由国家统一规定，并经一定时间修订。

【劳动单位】

亦称“时间单位”。绝对数的计量单位之一。用一定时间内完成一定劳动量或一个劳动力工作一定时间来度量的绝对数计量单位，如工日、工时或人日、人时等，反映生产经营过程中的劳动消耗数量或完成一定劳动量所需要的时间。

【相对数】

亦称“相对指标”。一种综合指标。两个相互联系的事物或现象数值之比，表明现象间的数量对比关系和相互联系程度，用于对比和分析。相对数有无名数和有名数之分。有名数主要用来表现强度相对数的数值；无名数则是相对数中大量使用的表现形式，多以系数、倍数、成数、百分数或千分数表示，其中以百分数最为常用。计算和运用相对数必须保持对比指标的可比性，并注意把相对数和绝对数结合起来，把各种相对数结合起来运用。相对数可分为：动态相对数、强度相对数、结构相对数、比较相对数、比例相对数、计划完成相对数等。

【动态相对数】

同一指标在两个不同时间（时期或时点）上的数值对比形成的相

对数，反映事物或现象在时间上发展变化的趋势和规律性。应用中，动态相对数即发展速度或增长速度，一般用百分数或倍数表示。通常称做比较基准的时间为基期，与之对比的时间为报告期。故动态相对数，等于同一指标报告期数值对基期数值的比率。其计算公式为

$$\text{动态相对数}=\frac{\text{报告期指标数值}}{\text{基期指标数值}}\times 100\%$$

【强度相对数】

两个性质不同而又有联系的指标数值之比形成的相对数。反映事物或现象的强度、密度、普遍程度和利用程度等。如人口密度、劳动生产率或劳动密集程度、资金产值率或资金占用率等，都是强度相对指标。强度相对数一般由所考察指标与其媒介指标对比形成，并且经分子和分母互换由正指标得相应逆指标或者相反。其一般形式为

$$\text{强度相对数}=\frac{\text{所考察指标数值}}{\text{媒介指标数值}}\quad（\text{正指标}）$$

$$\text{强度相对数}=\frac{\text{媒介指标数值}}{\text{所考察指标数值}}\quad（\text{逆指标}）$$

如考察某地区人口的分布，人口总数是所考察指标，该地区总面积是媒介指标，则人口密度（正指标）和人均土地占有率（逆指标）都是强度相对数。

多数强度相对数表现为复名数，如人口密度用“人/平方公里”或“平方公里/人”，人均粮食产量用“吨/人”等。但也有一些强度相对数用百分比或千分比表示，如商品流通费用率（流通费用总额与销售总额之比）用百分比表示，人口出生率（出生人口数与同期平均人口数之比）用千分比表示。

【结构相对数】

总体组成部分的总量与全总体的总量对比形成的相对数，反映总体内部的组成和结构。一般用百分数或系数表示，其计算公式为

$$结构相对数=\frac{总体一部分的总量}{全总体的总量}$$

其中分子是分母的组成部分。如各行业职工人数在职工总数中所占比重，工业总产值在工农业总产值中所占比重等，是结构相对数。基于一定分组的变量数列的组频率都是结构相对数。结构相对数需在分组基础上计算。总体各组结构相对数之和为100%或1。

【比较相对数】

两个同类指标在不同空间或不同条件下的数值对比形成的相对数，用百分数或倍数表示，多用于不同国家、地区、单位的比较，也可以用于先进与落后的比较，还可以和标准水平或平均水平比较。如不同地区的物价、费用水平、产值等对比形成的相对数。一般情况下，其分子和分母可以互换，从不同的角度说明问题。

【比例相对数】

亦称“协调相对数”“配合相对数”。同一总体内两部分的同一指标的数值对比形成的相对数，反映总体内各组成部分之间的数量联系和比例关系，通常用百分数或比的形式表示。例如，人口中，男性与女性人口的比例、城乡人口的比例；轻工业产值与重工业产值的比例，进口与出口贸易额的比例等。

$$比例相对数=\frac{总体中某一部分的数值}{总体中另一部分的数值}$$

【计划完成相对数】

一定时期某一指标的实际完成数值与计划数值对比形成的相对数，表明计划的完成程度，用于检查和监督计划执行情况，并作为以后编制计划的参考。计划完成相对数，可以由绝对数计算，也可以由相对数和平均数计算，一般用百分数表示；可以是同一时期的实际完成数与计划数对比，也可以是计划期某一段时间内累计完成数与全期计划数对比。分析长期计划的执行情况时，因下达计划任务的方式不同，可采用水平法和累计法两种不同方法：（1）水平法，用计划期最后一年的实际完成数值（水平）与计划规定最后一年应达到的数值（水平）进行对比，来检查计划的完成程度。（2）累计法，用整个计划期间实际完成的累计数值与计划累计数值对比以检查计划完成程度。

【平均数】

亦称“平均指标”。一种常用的综合统计指标。表示统计数据的集中位置或中心位置、平均水平或代表值。平均数在统计分析中具有重要作用，它可以代表研究对象的一般水平并便于对比分析。常用的平均数有累积平均数和结构平均数两大类。累积平均数包括算术平均数、几何平均数、调和平均数等。结构平均数主要有众数、中位数、修正算术平均数、中列数等。

【算术平均数】

总体标志总量除以总体总量所得的平均数，用公式表示

$$\text{算术平均数}=\frac{\text{总体标志总量}}{\text{总体总量(总体单位数)}}$$

由于计算的具体过程不同，算术平均数又分为简单算术平均数和加权算术平均数。算术平均数的计算公式为

$$\overline{X}=\frac{X_1+X_2+X_3+\cdots+X_n}{n}$$

式中，$\overline{X}$ 表示算术平均数；X 表示各单位标志值（变量值）；n 表示总体单位数。

加权算术平均数的计算公式为

$$\overline{X}=\frac{X_1f_1+X_2f_2+X_3f_3+\cdots+X_nf_n}{f_1+f_2+f_3+\cdots+f_n}=\frac{\sum Xf}{\sum f}$$

式中，$\overline{X}$ 表示加权算术平均数；X 表示各单位标志值（变量值）；f 表示次数（各组单位数）。加权算术平均数不仅受变量值的影响，还受次数的影响。次数对平均数是否靠近某一变量值起着权衡轻重的作用，故

称之为权数。

【几何平均数】

n 个变量值连乘积的 n 次方根，用公式表示

$$\overline{X}_G = \sqrt[n]{X_1 \times X_2 \times X_3 \times \cdots \times X_n} = \sqrt[n]{\Pi X}$$

式中，$\overline{X}_G$ 表示几何平均数；X 表示变量值；n 表示变量值个数；Π 为连乘符号。几何平均数通常用于计算平均比率或平均发展速度。

【统计调查】

亦称“统计观察”。搜集统计资料的过程。它是统计工作的基础，是统计整理、统计分析和推断的前提。保证所搜集的统计资料的准确性、完整性和及时性是统计调查的关键。统计调查，按组织方式分为统计报表和专门调查；按调查对象的范围分为全面调查和非全面调查；按调查时间分为时期调查和时点调查、经常性调查和一次性调查；按调查方法分为直接调查和间接调查（报表、采访、通信等）。实际工作中，各种调查方法常结合运用。

【全面调查】

对调查对象中的所有单位逐一地调查。全面统计报表、普查都属于全面调查。全面调查可以取得全面、系统、准确的统计资料。但是由于需调查单位多，往往要耗费大量的人力、物力和时间，有时并不能保证调查的精度。

【普查】

专门组织的一次性全面调查。用来调查现象在一定时点（时期）的状况。主要用来搜集一些比较全面而又不能或不宜从经常调查中取得的统计资料。如人口普查、经济普查等。其特点是对所有调查单位一一进行调查，调查的资料比较准确、全面。但涉及面广，时间性强，需花费大量人力、物力及较长时间才能得到结果。其组织形式基本上有两种：一种是组织专门的普查机构，对调查对象直接进行登记，如

人口普查；另一种是在企事业单位日常核算和统计报表资料的基础上进行的。组织普查应该遵守如下原则：（1）规定统一的标准时间；（2）在调查范围内同时进行；（3）普查项目统一，历次普查前后一致。

【非全面调查】

只对调查对象的一部分进行调查，包括重点调查、典型调查和抽样调查等。其特点是，调查的单位少，可以集中力量做深入、细致的调查；能调查较多的指标，从而提高统计资料的准确性；还可以节省人力、物力和时间，对有些现象只能做非全面调查，如产品的破坏性试验等。

【抽样调查】

最科学、最完善和最重要的一种非全面调查。从所研究现象的全部单位中抽选部分单位进行调查。抽样调查，在许多场合是唯一可行的调查方法，如与破坏性试验相联系的调查，对容量较大或无限总体的调查；它也可用来对全面资料进行检查、评估和修正，如人口普查的抽样复查。抽样调查，具有节约人力、物力，缩短调查时间等优点。由于调查的单位比较少，可以减小登记误差，抽样调查有时可以取得比全面调查更为准确的资料。抽样调查，按组织方式，分为重复和不重复抽样，单个或整群抽样，一阶段、多阶段抽样和序贯抽样；按方法，分为有意抽样和随机抽样。随机抽样，分为简单随机抽样、机械抽样、典型抽样和整群抽样，实际中多是几种抽样方法和方式结合使用。

【重点调查】

一种非全面调查。从被调查总体的全部单位中选择一部分重点单位进行调查。重点单位指其标志值在总体标志总量中占有绝大比重的单位。对这些重点单位的调查就可以从有关标志的总量方面说明整个总体的基本情况。如通过对几个大型钢铁企业的重点调查，就可以掌握全国钢铁生产的基本情况。由于重点单位与一般单位的差别较大，通常不能用重点调查的结果推算总体有关指标。其具体调查方法灵活多样，既可以在某个时期就某个问题专门组织一次性调查；也可以对重点单位按调查项目颁发报表，以取得系统的资料。

【典型调查】

一种非全面调查。在对研究对象已有初步认识的基础上，有意识地选择若干个有代表性的单位，做系统周密、深入细致的调查。其关键问题是正确选择典型单位，保证典型单位具有充分的代表性。由于调查目的不同，典型单位可以按先进、一般、后进选择，也可按其他原则划类选择，以便通过这些典型单位的调查能充分认识总体的基本特征和性质。在许多情形下，可以根据典型调查的资料推算总体的某些特征。

【专门调查】

亦称“专题调查”。为了研究某种问题或了解某种情况而专门组织的统计调查，其方式包括普查、抽样调查、典型调查、重点调查等。专门调查多属于一次性调查，适用于那些变动不大、没有必要经常用定期报表方式来搜集资料的现象，如人口普查。有时对于某些新情况、新问题，也需要组织专门调查。专门调查对于检查定期统计报表的质量也是有效的手段。

【统计报表制度】

统计调查的一种方式。按照统一规定的表格形式、时间、内容、计算方法和程序，由基层单位自下而上逐级提供统计资料的一种统计报告制度。统计报表是定期取得各方面基本统计资料的一种重要方法，是国家各级领导机关了解国民经济发展情况、计划执行情况的重要工具，具有准确、及时、全面反映情况的重要作用。其内容包括报表目录、表式及填表说明三部分。我国现行统计报表制度，由国家统一制定的国民经济基本统计报表制度，以及各业务部门根据各自特点和业务需要而制定的专业统计报表制度所构成。从不同角度按不同标志，对统计报表可做如下分类。

（1）按实施范围和内容不同，统计报表分为国家统计报表、部门统计报表和地方统计报表。国家统计报表又叫国民经济基本统计报表，是国家统计局根据国家管理需要制定的，用来反映全国性经济与社会发展基本情况的统计报表；部门统计报表是由国务院所属各部委为适应本部门业务管理需要而制定的，又叫专业统计报表，只在各主管部门系统内实施；地方统计报表是由各地方根据本地计划与管理需要而补充制定，只在本地区内执行的统计报表。

（2）按报送周期不同，统计报表分为日报、旬报、月报、季报、半年报和年报。报告周期长短不同，其内容和作用也不同。一般地说，周期越短，调查的内容越少越精，周期越长，调查的内容越全越细。日报、旬报的内容只限于生产中最主要的指标项目，它以较快速度反映生产进度，为主管业务部门及时掌握生产动态提供资料；月报、季报包括的指标项目较多，内容较为详细，主要用来检查各部门各企业月度、季度计划执行情况；年报为总结性报表，指标多、内容全、实施范围广，所提供资料是检查当年计划执行情况和制定下年计划的依据，也是研究社会经济发展及各种重要比例关系的基本资料。

（3）按报送方式不同，统计报表分为电讯报表和邮寄报表。采取什么方式，取决于内容的紧迫性和要求的时效性。

（4）按填报单位的性质不同，统计报表分为基层报表和综合报表。基层报表是企业、事业单位根据原始资料填报的统计报表，反映各基层单位的生产经营活动情况；综合报表是各地方统计部门和各级业务主管部门根据基层或所属下一级单位统计报表汇总综合而填报的统计报表，反映所属地区或部门的社会经济发展情况。

【调查方案】

统计调查的实施计划或指导性文件。包括以下基本内容：（1）调查目的；（2）调查对象、调查单位和报告单位；（3）调查项目；（4）调查时间和地点；（5）调查工作的组织实施。

【统计数据】

对研究对象进行大量观测所取得的数据资料，包括未经统计整理的原始数据和经过统计整理的次级数据。数量性、大量性和具体性是统计数据的基本特点。统计数据必须准确、及时、系统和可靠。

在统计数据的搜集、整理过程中，会产生误差。统计数据的误差，指对调查对象的实际观测值与其真值的离差。如对某物理量的测量值与该物理量的真值的离差，包括登记误差（过失误差）和代表性误差，而代表性误差又分为随机误差和系统误差。

为保证统计数据质量，在使用前必须进行检查与核准，包括技术检查、结构检查、逻辑检查、算术检查等，以消除登记误差。系统误差和随机误差，一般需要用统计分析和统计检验的方法处理。

【原始数据】

直接向调查单位搜集到的未经整理和汇总的数据，一般为总体单位的标志的具体值。

【次级数据】

由原始数据经加工整理而得到的数据。通过加工整理，原始数据由说明总体单位过渡到了说明整个总体，一般用汇总表、变量数列或统计指标数值表示。如对家计调查中每个家庭收支记录进行汇总整理，可以得出这些家庭平均的收支数字及其他情况，这些数字即为次级数据，亦可据以推断所有家庭收支的一般情况。

【原始记录】

企业或事业单位按照一定的表格形式，对其生产或业务活动的过程和成果所做的最初记载，例如考勤记录、领料单、成品入库单、现金收付单据等。原始记录不仅是统计工作最重要的资料来源，也是会计和业务核算的基础。原始记录具有直接性和广泛性的特点。直接性指它是对事物的直接记载，无任何中间加工整理环节，这是资料真实可靠的重要保证。广泛性是指原始记录的种类多、范围广，参与记录的人员也多。

建立健全原始记录必须遵守以下原则：一是从实际需要出发，根据本单位生产业务活动特点、经营范围、管理水平等条件确定原始记录的内容、形式和方法，防止脱离实际的生搬硬套；二是原始记录的指标设置、表格形式、填写方式方法等，要做到通俗易懂，手续简单，填写方便；三是应从经济核算的总体要求出发，同时兼顾统计、会计和业务核算的需要，切勿各搞一套，重复记录；四是为了保证原始数据准确，各单位应有严格的计量制度和完备的计量工具。

【统计台账】

亦称“统计账户”“登统簿”。整理和积累统计资料的一种工具。基层单位按照填报统计报表、统计核算、统计分析和经营管理的需要，将原始记录按时间顺序经常登记、系统积累资料的账册或表卡。统计台账，是根据原始记录填制统计报表的中心环节，是介于原始凭证和定期统计报表之间的过渡记录。统计台账，按登记时间分，有日、旬、月、季台账和年度台账；按包括指标的繁简分，有综合台账和专项台账。综合台账是将有关的各项指标汇总登记在一本台账上，可以反映有关指标的相互联系和变化关系；专项台账是将某一项指标登记在一本台账上，可以反映某一指标的发展变化情况，便于进行具体、深入的分析。

建立统计台账应根据本单位生产经营管理及编制统计报表等多方面需要来选定指标的排列顺序与常用分组，同时要兼顾台账中前后资料的可比性，台账资料的时间间隔依需要而定，一般是年度台账按月累计，历史台账按年列示。

【统计数据的检查】

统计整理时对统计数据所进行的全面审核，是保证统计数据质量的重要手段。主要检查：（1）数据的完整性，即应该调查的单位是否有遗漏，应该调查的内容是否齐备。（2）数据的及时性，即检查是否按规定时间报送及未按时报送的原因。（3）数据的准确性，即检查数据是否准确可靠。

常用的检查方法，有结构检查、逻辑检查和计算检查等。

【逻辑检查】

检查数据准确性的方法之一。检查数据的内容是否合理和各个项目之间有无矛盾。主要包括：（1）含义相同的指标数值是否一致。（2）不同时间的同种数字、实际与计划数字之间的关系是否正常。（3）有联系的项目之间填写结果是否适应。（4）数据与自己了解的实际情况是否符合。

【算术检查】

亦称“计算检查”。检查数据准确性的方法之一。从计算上检查数据的正误。如各个数据的计算方法是否正确，计算结果有无差错，各部分相加是否等于总计等。

【登记误差】

亦称“工作误差”“过失误差”。由于各环节工作不准确所产生的误差。产生的原因有：测量错误、记录错误、计算错误、抄录错误、汇总错误、被调查者所报不实或调查者有意虚报瞒报、调查方案的规定不明确等。登记误差在全面调查和非全面调查中都会产生，可以采取措施预防发生或把它减少到最小限度。

【代表性误差】

抽样特征（指标）与相应总体特征（指标）的差异，是用部分代表整体、推算总体数值时，由于样本的代表性所产生的误差。代表性误差是抽样调查固有的，按产生原因分为系统误差和随机（偶然）误差。产生系统误差的原因，是违反抽样的随机性原则，如有意多选较好或较坏的单位进行调查。产生随机误差的原因，是抽样的随机性，即进入样本的单位与全总体单位的随机差异。随机误差是由于样本结构和总体结构不同而产生的，也叫作“抽样误差”。

【系统误差】

在一定观测或调查的条件下，取完全确定值的误差。系统误差的符号是固定的。例如测量的基点选得不准，则测量时就会产生系统误差。系统误差在数据加总时不会相互抵消，但是原则上可以改正或消除。

【随机误差】

亦称“抽样误差”。一种代表性误差。由于大量的且每个单独作用微不足道的偶然因素的影响所产生的误差。随机误差取值具有随机性，其符号是不确定的，多次观测或调查结果加总时，随机误差可以相互抵消或补偿，使其总和接近零。

【测量误差】

亦称“调查误差”。广义指对现象进行观察或测量时所得数据与其真值之间的离差。狭义指登记误差（过失误差）和代表性误差（包括系统误差和随机误差）。

【故意误差】

调查者及被调查者有意识歪曲事实所造成的误差。如调查者有意虚报瞒报，在抽样调查中违反随机原则，有意选取较好或较坏的单位进行调查，以及被调查者不如实填报等原因所造成的误差。

【非故意误差】

由于物理的、技术上的或过失等方面的原因而产生的误差。它不是调查者和被调查者有意造成的，如测量误差、抽样误差等。

【舍入误差】

测量或计算过程中数据舍位产生的误差。在统计计算过程中出现的位数较多的数，为了计算方便或受到计算工具的限制，常要用位数较少的数来代替。如四舍五入、只舍不入等所产生的误差即舍入误差。

【统计整理】

统计工作的一个阶段。对原始资料审核、分组、汇总、描述和归纳，使之条理化和具有便于统计分析与推断的形式的工作过程。统计调查得到的原始资料，一般是大量的和“杂乱无章的”，不能直接用于统计分析和推断，只有经过整理和加工，才能从中提取有用信息，系统、准确地反映现象的特征和规律。统计整理的主要内容是：（1）统计资料的审核与订正，以消除数据中的登记误差（过失误差）和系统误差，保障数据的可靠性。（2）统计数据的分组与汇总，以显示研究对象的内部结构、类型及特征。（3）根据统计研究的目的和统计推断的要求，由原始或汇总资料计算各种综合数字特征。（4）用统计表、排序、统计图等直观和便于分析的形式表示和描述（原始或汇总）统计数据。

【逐级汇总】

统计整理的组织形式之一。按照一定的统计管理体制，自下而上地调查资料逐级进行汇总。我国现行的统计报表一般都采用这种汇总形式，专门调查也往往采用。其优点是能够满足各地区、各部门对统计资料的需要，同时便于就地审核和订正原始资料。缺点是费时较长，出现错误的可能性较大。

【定期汇总法】

亦称“定期统计整理”。统计整理的组织形式之一。经常按一定时间对统计资料进行的加工整理工作。其资料来源是定期统计报表和年报。其目的是汇总统计报表资料，按国家规定的综合表式报送上级统计部门。

【统计分组】

统计研究的基本方法之一。总体是指调查对象的全部单位所构成的集合体。将总体按一定的统计标志划分为若干部分，称作统计分组。通过分组把总体内不同性质的单位区分开，使性质相同或相近的单位归在一组内。统计分组的意义和作用在于：区分现象的类型，反映总体的内部结构，揭示现象间的依存关系。统计分组的基本原则是，保持各组内单位的同质性和组间单位的差异性。统计分组的关键是正确选择分组标志。

分组标志，是据以进行统计分组的标志，其选择依赖于研究目的和要求，取决于对现象的定性认识。要力求选择与研究目的有密切关系、能说明现象本质特征的标志作为分组标志。对于不同的研究目的和要求，应选择不同的分组标志。如，要研究人口总体的性别构成，可选择性别作为分组标志；而要研究人口总体的受教育程度，则要选择文化程度作为分组标志。

【统计分类】

按照在一定时期内通用的、方法论的标准对总体的划分。统计分类与统计分组之间没有明确界限；二者既具有类似的功能，又有不同的特点。统计分组是根据具体的研究目的和要求进行的，组的划分有一定任意性；统计分类则不然，分类标准（在一定时期和范围内）是通用的和稳定的，类的划分是完全明确的。如国民经济的部门分类、产品分类、商品分类等。为了保证分类的统一性和完整性，便于各个部门掌握和使用，就要在一定时期和范围内（如全国）编制统一的分类标准和目录，如《大中小型工业企业划分标准》等。

【分组体系】

按一系列相互补充、相互联系的标志进行的分组构成的体系，分为平行分组体系和复合分组体系。由于有些现象复杂且互相联系，为了深入细致地研究这些现象，仅仅采用一种分组不足以说明问题，故需要采用分组体系，以全面、系统地了解这些现象各方面的特征。例如，对国民经济总体进行统计研究，必须通过按部门、按所有制、按地区、按主管系统等多种分组，才能得到比较深刻的认识。这种由多种分组形成的体系，就是国民经济分组体系。建立分组体系必须遵循某些一般性的方法论原则，主要是逻辑原则和形式原则。分组体系应满足的逻辑原则的基本要求是：(1) 从不同角度说明现象。(2) 反映现象的类型、明细和结构的划分。(3) 各单项分组之间有一定逻辑关系。(4) 每一分组不应与其余分组相矛盾。(5) 时间应相对稳定。形式原则的基本要求是：(1) 首先按品质标志分组，然后再按数量标志分组。(2) 结果标志应用同种（绝对、相对或平均）指标表示。(3) 分组体系中各表格应该有稳定（对时间基本不变）的编号。(4) 组距对时间不变。

【类型分组】

划分现象类型的分组。划分现象类型是统计分组最重要的作用。通过类型分组，可以研究现象各种类型的特征及其相互关系。如企业按生产资料所有制形式分组，人口按职业分组等。

【结构分组】

表明总体内部关于某种标志的结构的分组。其做法是将总体按照此标志分成若干组，然后将各个总体单位分别划入所属组中，计算出各组在总体中所占的比重，从而反映总体的内部构成。总体内部构成的特点，反映总体的性质和特点；总体内部构成的变化，反映总体的发展过程。

【明析分组】

亦称“分析分组”。分析现象之间依存关系的分组。其做法是，按某因素标志对总体单位分组，然后计算出其结果标志的数值，用来说明两个标志的联系程度和方向。分析现象之间的依存关系，对于总结和推广经验，挖掘生产潜力，具有重要意义。

【简单分组和复合分组】

总体按一个标志进行的分组叫简单分组。例如职工按性别分为男女两组。总体按两个或两个以上标志重叠进行的分组叫复合分组。复合分组的优点是能够从多方面深入细致地说明问题。但是，随着分组次数的增加，所分组数将成倍增加，所形成的分组体系也会愈加复杂，这必然影响说明问题的清晰程度。因此复合分组的次数不宜过多。此外，在总体单位数不多时不宜采用复合分组，因为不多的单位数经复合分组后各组单位数会很少，用以分析说明问题不充分。

【组距分组】

按变量——变异数量标志值的分组。其做法是，将变量的值域划分为两两不交的区间，每个区间为一组。区间的端点称作“组限”，中点称作“组中值”，长度称作“组距”；各组组距都相等的称作“等距离分组”，否则称作“不等距离分组”。组距分组主要用于连续变量（计量标志），亦可用于可能值甚多的离散变量（计数标志）。实际中，多采用等距离分组；不等距离分组主要用于变量值的分布不均匀以及一些有特殊需要的场合。对于等距离分组，需要合理确定组数 m 、组距 d 、组限和组中值。（1）组数 m 应根据数据个数 n 、数据波动幅度（极差）R 以及数据内容确定，一般以 5～25 组为宜；单纯根据 n 确定 m 时，可利用斯特奇斯公式（$m=1+3.322\lg n$）。（2）组距 d 可以参照公式 $d=R/m$ ，并做适当调整后选取。（3）组限表示要明确，以保证每个数据只隶属一组。

【开口式分组】

组距分组时，如果最初一组只有上限没有下限，用××以下表示，或最末一组只有下限没有上限，用××以上表示，则称开口式分组。缺上限或缺下限的组称为开口组。当遇有极端变量值时，为避免组数增加过多或组距不必要的扩大，就要把最小组或最大组改为开口组形式。

【闭口式分组】

组距分组时，各组均有上、下限的分组。上、下限齐全的组称为闭口组。

【组中值】

组距分组时，上限与下限之间的中点数值。经常用来代表各组标志值的平均水平。一般用（上限+下限）/2求得。对于开口组，其组中值一般根据邻近一组的组距来确定，即

缺上限的开口组组中值=下限+邻组组距/2

缺下限的开口组组中值=上限+邻组组距/2

【组限】

组距分组中区间两端的数值。每个组的最大值为组的上限，最小值为组的下限。下限和上限表示组的标志值从一个数值到另一个数值变动的两端界限，上限和下限之差就是组距。确定组限，要保证按这样的组限分组以后，分组标志在各组的变化能够反映事物质的变化。对于连续变量，其相邻组的组限必须重叠。对于离散变量，其相邻组的组限衔接即可。

【统计表】

统计资料的基本表现形式之一。表现统计数字资料的表格。其主要作用是使统计资料具有条理性，清晰易懂，便于比较和分析。形式上，统计表由标题、横行、纵栏和数字资料等要素组成。其中标题有三种：(1) 总标题，即表的名称，简明扼要地说明全表的内容，位于表的顶端中央。(2) 横行标题，说明横行的内容，位于表的左方。

（3）纵栏标题，说明纵栏的内容，位于表的上方。按内容，统计表由主词和宾词两部分组成。主词是统计表所要说明的总体，或总体的各个组、各个单位的名称；宾词则是用来说明主词的各个指标。统计表按主词分组，分为简单表、分组表和复合表；按用途分组，分为调查表、汇总表和计算表。应注意，并不是所有的表格都是统计表。统计表和非统计表格（如对数表、乘法表等）的区别在于：统计表是由统计数据构成的，用于对统计总体进行综合评价，并且可以进行一种或几种合计。虽然有的统计表中不进行合计，但它是可以进行合计的，而非统计表格则不能。

【复合表】

对总体（表的主词）按两个或两个以上标志进行复合分组的一种统计表式。复合表可以把较多统计标志结合在一起，以反映现象同时受几种因素的共同影响而发生的变化，揭示不同类型现象的不同特征，更深入地分析现象的规律性。复合表可以表示多层次的分组，但分组层次不宜太多。

【调查表】

统计调查中用以对调查对象进行调查登记，并列有一系列调查项目的一种统计表。有一览表和单一表两种形式。一览表是在一张表上登记若干个调查单位，把相应的项目按次序登记在表格里，可以节省人力和时间，并便于合计和核对。单一表是在一张表上只登记一个调查单位，可以容纳较多的标志，便于整理和分类。当调查项目较多时，宜采用单一表；当调查项目不多，而一个报告单位负责提供若干个调查单位的资料时，则最好是采用一览表。

【汇总表】

亦称“整理表”。用于统计数据的汇总和表现汇总结果的一种统计表。汇总表可以是对统计调查资料直接整理的结果，也可以是对次级统计资料进行整理的结果。其作用在于为社会提供资料，为进一步分析提供资料。

【分析表】

亦称“明细表”。用于对整理所得的统计资料进行定量分析的一种统计表式，如列联表、相关表、方差分析表等。分析表常与汇总表结合在一起，成为汇总表的延续。

【相关表】

反映变量之间相关关系的一种统计表，是对相关变量联合观测结果的记录或汇总表。有未分组相关表和分组相关表两种：（1）未分组相关表，把相关的原始统计资料不经分组平行排列在一张表格上，以表现相关关系，适用于总体单位数目较少的情况。（2）分组相关表，首先把相关资料分组，然后统计出属于各组的数据个数排列在一张表格上，适用于总体单位数目较多，而标志的变异又较为复杂的情况，可以把变量之间的依存关系更清楚地表现出来。

【平衡表】

由合计数相等的两组互有联系的统计指标数值所组成的一种统计表式。平衡表能将各种复杂的经济联系以统计表的形式简明、系统、全面地加以反映。其表式通常包括所研究总体的分组体系和用以说明总体各种经济联系的指标体系两部分内容，二者分别构成平衡表的主词栏和宾词栏。按结构分为收支式平衡表和棋盘式平衡表。收支式平衡表，把平衡关系收支两个对应方面的各项指标的平衡关系对照列出；棋盘式平衡表，把各因素相互联系的收支关系分别在主词栏、宾词栏对称列出。按所反映的内容不同，主要有劳动、物资和财政三种平衡表，分别反映人力、物力和财力的平衡关系。每一种平衡表描述经济活动的一个特定方面，一系列相互联系和相互补充的描述国民经济活动的平衡表，组成国民经济平衡表体系。

【统计图】

根据统计资料所绘制的形象、直观地表示统计资料的图形。统计图借助于几何的线、形、现象的形象和地图等形式，显示所研究现象的数量方面。其特点是简明生动、形象具体、通俗易懂。统计图主要用以表明指标间的对比关系，说明总体的构成及总体单位的分布情况，说明现象的动态及其发展趋势，分析现象间的依存关系，揭示现象的计划执行情况及其在地区间的分布情况等。常用的统计图主要有条形图、平面图、曲线图、立体图、象形图和统计地图等。绘制统计图时应选择最符合现象特点的图形，使人易于获得明确而深刻的印象。

【统计图要素】

构成统计图的存在有机联合和相互配合的各部分，主要包括：（1）图号与图题，即图的编号与图的名称。（2）图目，即在纵轴的一侧和横轴的下面所标注的表明不同类别、地点、时间等的文字或数字。说明纵轴、横轴所代表的事项及其单位。（3）图线，即构成统计图的各种直线或曲线，包括基线、轮廓线、指导线、边框线和破格线（即断裂线）等。（4）尺度，即在图中测定指标数值大小的标尺。（5）图形，即根据统计资料用较粗的图示线绘制的各种图形。

【条形图】

亦称“纵条图”“柱形图”“带形图”。以宽度相等的条形的高低或长短表现统计数字大小和变动的一种统计图式。它是最简单而应用又最普遍的统计图。一般用来比较不同时间、地区、单位的同类现象。有简单条形图、复合条形图、分量条形图等。同一条形图中各条形宽度必须相等，高度或长度应与统计数字大小成比例。条形图，如果是横排的，亦称“带形图”；如果是纵排的，亦称“柱形图”；如果由铅直线段表示，则称“纵条图”，多用于描绘变量数列或统计分布。离散型随机变量的概率分布，也常用纵条图来描绘，这时纵条的长度表示该随机变量取相应值的概率。

【简单条形图】

以若干平行而等宽的条形，表示现象数量对比关系的一种条形图。图中每个条形，可以表示同一现象在不同时间上的数值，如不同年份的工业总产值；也可以表示同一现象在不同地点或条件下的数值，如不同地区的工业总产值；还可以表示不同现象在同一时间或条件下的数值，如钢、铁、石油、煤炭等产品的计划完成百分数。

【分组条形图】

亦称“复合条形图”。条形图的一种。以两个或两个以上的条形为一组代表一个大项目，用每组中的各个条形的长度表示大项目中的小项目，并根据条形长度来比较数字资料数值的大小。可以进行每组各条形间的比较，也可以对各组的同类条形进行比较。

【分量条形图】

亦称“分段条形图”“条形结构图”。以条形的全长代表总体的全部，以条形的各个分段的长短代表各组成部分在总体中所占的比重，用以反映某一总体的内部结构的一种条形图。将若干同类分量条形图并列在一起，可以比较其内部结构的差异。将同一总体指标在不同时期的分量条形图并列，可以反映总体内部结构的变化情况。

【平面图】

以图形面积表示统计指标数值的一类统计图。它可以用来说明总体内部结构的变化，也可以用于统计指标的对比。常用的平面图有正方形图、长方形图和圆形图。有些表明面积的平面图（如长方形图）还可以表明两个因素构成的复杂现象。

【圆形图】

以圆形的面积、个数或圆内各扇形面积表示指标数值大小的一种平面图。有多圆形图和单圆形图：前者是以多个圆形的面积分别表示不同指标数值的图形，用于各指标数值的比较；后者以一个圆的整个面积代表总体，以圆内各扇形面积代表总体的各部分，用于说明总体内部的构成，亦称“圆形结构图”。

【正方形图】

以正方形面积表示指标数值的一种平面图。适用于比较土地面积、播种面积和基建工程受益面积等指标。其绘制方法是：先将欲图示的数字开平方，然后根据各数字的平方根确定边长，画出正方形。

【矩形图】

亦称“瓦尔扎尔图”。表示由两个指标数值相乘构成的统计指标数值的一种平面图。其基本特点，在于能够用一个简单的几何图形显示两个因素指标的乘积所构成的指标，不仅可以比较两个指标，而且可以分别对两个要素进行比较。例如，粮食总产量由单位面积产量和播种面积的乘积构成等。这种图形最初由俄国统计学家瓦尔扎尔所使用，故亦称“瓦尔扎尔图”。

【曲线图】

简称“线图”。用曲线的升降起伏来表示现象的变动情况及其趋势的一种统计图。其作用主要是表示现象随时间（或空间）的变化而变动的趋势、两个变量之间的依存关系及频率（数）分布（配）情况，分为动态曲线图、相依关系图、分布（配）曲线图等。

【动态曲线图】

亦称“历史曲线图”。以曲线的升降表示现象在时间上的发展变化过程和在一定历史时期内的发展趋势的一种统计图。动态曲线图，能够清晰地描绘现象随时间变化的过程，并且能通过曲线的斜率显示现象的发展速度；它不仅可以表现绝对水平的发展变化（如工业产品产量的增长，粮食产量的增加等），而且还可以表明相对水平和平均水平的动态（如二产、三产比例的变化，劳动生产率的提高等）。依次连接管理图中各状态点的折线也是动态曲线图。

【频率（数）曲线】

全称“频率（数）分布曲线”，亦称“频率（数）多边形”“次数（分配）曲线”。反映（全部或抽样）总体单位按某统计标志分布（配）情况的折线，描绘变量数列的一种统计图。

【直方图】

亦称“矩形图”，全称“频率（数）分布直方图”。描绘组距变量数列的一种统计图。组成直方图的矩形，其底边是分组的小区间 $[u_{i-1}, u_i]$；其面积恰好等于相应组 $[u_{i-1}, u_i]$ 的频率（数）；其高等于相应组的频率（数）密度；频率直方图中各矩形的面积之和恰好等于1，而频率直方图中各矩形面积之和恰好等于数据个数。基于频率（数）密度的直方图既适用于等距离分组，也适用于不等距离分组的变量数列。

【统计地图】

统计图的一种。以地图为底本，用各种几何图形、实物形象或不同线纹、颜色等表明指标的大小及其分布状况的图形。它是统计图形与地图的结合，可以突出说明某些现象在地域上的分布，可以对某些现象进行不同地区间的比较，可以表明现象所处的地理位置及与其他自然条件的关系等。统计地图有点地图、面地图、线纹地图、彩色地图、象形地图和标针地图等。

【数学期望】

亦称“概率平均值”。随机变量一切可能值的平均水平、集中位置或分布中心。随机变量 X 的数学期望记作 $E(X)$。对于离散型随机变量 X

$$E(X) = \sum_i x_i p\{X = x_i\}$$

式中，$\sum_{i}$ 表示对 X 的一切可能值 $\{x_i\}$ 求和。

对于密度为 $p(x)$ 的连续型随机变量 X

$$E(X)=\int_{-\infty}^{\infty} xp(x)\mathrm{d}x$$

设 $Y=g(x)$ 是随机变量 X 的函数，对于离散型随机变量 X，$E(Y)=E[g(x)]=\sum_{i} g(x)p\{X=x_i\}$，对于连续型 X，有

$$E(Y)=E[g(x)]=\int_{-\infty}^{\infty} g(x)p(x)\mathrm{d}x$$

数学期望有如下性质：(1) 若 c 为常数，则 $E(c)=c$。(2) 若 λ 为常数，则 $E(\lambda X)=\lambda E(X)$。(3) 随机变量之和的数学期望，等于各随机变量的数学期望之和。(4) 独立随机变量之积的数学期望，等于各随机变量的数学期望之积。

【相关关系】

变量间确实存在的，而关系数值不固定的相互依存关系。例如人的体重与身高之间，农作物亩产与施肥量之间，工业产品成本与生产量之间等，均存在相关关系。相关的各变量，作为影响因素的叫自变量，作为被影响因素的叫因变量。

相关关系有不同类型：按相关因素的多少，一个自变量与一个因变量的相关叫单相关；两个或两个以上自变量与因变量的相关叫复相关。从相关的形态看，相关关系近似地表现为一条直线叫直线相关；近似地表现为一条曲线叫曲线相关。就相关的方向，自变量增加（或减少），因变量也增加（或减少）的叫正相关；自变量增加（或减少）而因变量却减少（或增加）的叫负相关。

【相关分析】

对相关关系的分析和研究，具体内容有：(1) 确定现象之间有无相关关系及其相关的形态，以明确是否该用相关分析法以及用什么样

的相关分析法进行分析。一般可通过相关图和相关表予以分析和判断。(2) 测定相关关系的密切程度。关系越密切，相关程度越高，据以进行的预测和推算才能比较准确。关系是否密切，通过相关图中各相关点是否集中于某一直线或曲线可做大致的判断；从数量上具体说明相关程度高低的指标，是直线相关条件下的相关系数和曲线相关条件下的相关系数。(3) 确立相关关系的数学表达式，以测定现象之间数量变化的一般关系值。如果现象之间表现为直线相关，采用配合直线的方法；如果现象之间表现为曲线相关，采用配合曲线的方法。(4) 测定因变量估计值与实际值之间的差异。根据配合的直线方程或曲线方程，可以求得若干个与自变量对应的因变量估计值。估计值与实际值是有出入的，表明因变量估计值与实际值之间差异程度大小的指标叫估计标准误差，也叫估计标准误。以上是广义的相关分析内容，狭义的相关分析只包括前两项，后两项属于回归分析。

【相关系数】

是对变量之间关系密切程度的度量。对两个变量之间线性相关程度的度量称为简单相关系数。若相关系数是根据总体全部数据计算的，称为总体相关系数，记为 ρ ；若是根据样本数据计算的，则称为样本相关系数，记为 r 。样本相关系数的计算公式为

$$r=\frac{\sum(x-\bar{x})(y-\bar{y})}{\sqrt{\sum(x-\bar{x})^2\cdot\sum(y-\bar{y})^2}}$$

根据实际数据计算出的 r ，其取值一般在 $-1<r<1$ 之间，在说明两个变量之间的线性关系的密切程度时，根据经验可将相关程度分为以下几种情况：当 $|r|\geqslant 0.8$ 时，可视为高度相关；当 $0.5\leqslant|r|<0.8$ 时，可视为中度相关；当 $0.3\leqslant|r|<0.5$ 时，视为低度相关；当 $|r|<0.3$ 时，说明两个变量之间的相关程度极弱，可视为不相关。

【大数定律】

亦称“大数法则”“大数定理”。随机现象的基本规律。(1) 大数

定律，广义指大量随机现象的平均结果的稳定性；每种随机现象大量重复出现或大量随机现象共同作用所产生的平均结果，几乎不受随机性的影响，实际上是非随机的。例如各家庭或各村男和女的比例会有差异，这是随机性的作用；但是在较大范围（如省、市）内男和女的比例是均衡和稳定的，这是大数定律的作用。(2) 大数定律，狭义是说明大量随机现象之平均结果的稳定性的一系列数学定理的总称。例如，伯努利大数定律是频率稳定性这一经验定律的数学定理；辛钦大数定律是大量独立重复观测结果的平均水平稳定性的数学定理。按收敛是依概率收敛还是以概率 1 收敛，分为弱大数定律和强大数定律。大数定律，从数学上说明了随机性和必然性的关系，是沟通基于实际观测结果的经验特征（频率、频率分布、经验数字特征等）和理论特征（概率、概率分布、理论数字特征等）的桥梁。

【总体】

亦称“统计总体”“全及总体”“母体”。统计学的基本范畴。研究对象的全体，具有某种（或某些）共同特征的元素的集合。每一个研究对象称作个体或总体单位。如工业企业的总体、人口的总体、某种产品的总体等。按所含个体的数量，分为有穷总体和无穷总体；按在一定时期内其结构是否有明显变化，分为动态总体和稳定总体；按某些标志在各个体是否基本上相同，分为同质总体和非同质总体。由具体研究对象构成的总体称作现实总体；现实总体抽象化、模型化和逻辑扩充，称作设想总体。

【总体单位】

亦称“个体”。总体中每一个元素或统计研究的基本单位。

【方差】

亦称“均方差”。随机变量 X 的方差定义为

$$D(X)=E[X-E(X)]^2=E(X^2)-(EX)^2$$

方差有如下性质：(1) 不小于0。(2) 等于0，当且仅当X（以概率1）为常数。(3) 若λ为常数，则$D(\lambda X)=\lambda^2 D(X)$。(4) 若随机变量$X_1$，$X_2$，…，$X_N$两两独立（或两两不相关），则$D(X_1+X_2+\cdots+X_N)=D(X_1)+D(X_2)+\cdots+D(X_N)$。

【标准差】

亦称“根均方差”，是总体各单位标志值与平均数的离差平方的平均数的平方根。记作$\sigma=\sqrt{D(X)}$，标准差σ越大，随机变量取值越分散；σ越小，随机变量取值越集中。

在资料未分组情况下，标准差的计算公式为

$$\sigma=\sqrt{\frac{\sum(x-\bar{x})^2}{n}}$$

在资料经分组情况下，标准差的计算公式为

$$\sigma=\sqrt{\frac{\sum(x-\bar{x})^2 f}{\sum f}}$$

式中，σ表示标准差；$\bar{x}$表示总体算术平均数。

标准差是反映数据离散程度的绝对值，其数值大小受原始数据取值大小的影响，数据的观测值越大，标准差的值通常也就越大。此外，采用不同计量单位计量的数据，其标准差的值也不同。因此，对于不同组别的数据，如果原始数据的观测值相差较大或计量单位不同，则不能用标准差直接比较其离散程度，这时需要计算变异系数。

标准差不仅能综合反映总体各标志值之间的差异程度，且较之平均差，它无须用绝对值的办法来消除离差的正负差别，更符合代数方法的演算，有利于用它做进一步的统计分析。与方差不同的是，标准差具有量纲，它与原始数据的计量单位相同，其实际意义要比方差更清楚。因此，在对实际问题进行分析时使用更多的是标准差。

【平均差】

总体各单位标志值对平均数的离差绝对值的算术平均数。平均差能综合反映总体各单位标志值的差异程度，其计算公式为

资料未分组情况下：

$$A_O D = \sum \mid X - \overline{X} \mid / n$$

资料分组情况下：

$$A_O D = \sum \mid X - \overline{X} \mid f / \sum f$$

式中，$A_O D$ 表示平均差；X 表示各单位或各组标志值；$\overline{X}$ 表示总体算术平均数；n 表示总体单位数；f 表示各组单位数。

平均差是根据全部变量值计算的，对整个总体变量值的离散趋势有充分的代表性，但由于它不适合于代数方法的演算，故应用也较少。

【变异系数】

也称离散系数，它是一组数据的标准差与其相应的平均数之比，即

$$V_s = s / \bar{x}$$

式中，V_s 表示离散系数；s 表示标准差；$\bar{x}$ 为均值。

由于离散系数消除了数据取值大小和计量单位对标准差的影响，因此可以反映一组数据的相对离散程度。离散系数主要用于比较不同样本数据的离散程度。离散系数大的说明数据的相对离散程度大，离散系数小的说明数据的相对离散程度小。需要注意的是：当平均数接近 0 时，离散系数的值趋于无穷大，此时必须慎重解释。

【标准得分】

有了平均数和标准差之后，可以计算一组数据中每个数值的标准得分，也称标准化值或 Z 分数。它可以用于测度每个数值在该组数据中的相对位置，也可以用于判断一组数据中是否有离群点。标准得分说的是某个数据与平均数相差多少个标准差，它是某个数据与其平均

数的离差除以标准差后的值。设标准得分为 Z，计算公式为

$$Z_i = \frac{X_i - \overline{X}}{s}$$

上式就是统计上常用的标准化公式，其中 Z_i 为标准得分；X_i 为指标值；$\overline{X}$ 为指标均值；s 为标准差。

在对多个具有不同量纲的变量进行处理时，常常需要对各变量的数据进行标准化处理，也就是把一组数据转化成具有平均数 0、标准差 1 的新数据。实际上，标准得分只是对原始数据进行了线性变换，它并没有改变某个数值在该组数据中的位置，也没有改变该组数据分布的形状。

【回归分析】

对具有相关关系的两个或两个以上变量之间数量变化的一般关系值进行测定，并确立一个近似的数学表达式（回归方程），以便于进行估计或预测的统计分析方法。从广义上讲，回归分析也就是相关分析，但是严格地讲，与狭义的相关分析相比较，回归分析有如下特点：第一，就两个变量而言，相关分析的两个变量是对等的，即不必区分哪个是自变量哪个是因变量。而回归分析必须根据研究目的确定哪个是自变量哪个是因变量。第二，相关分析中由于计算相关系数的两个变量是对等的，改变两者地位并不影响相关系数数值，故只能计算一个相关系数。而进行回归分析，如果两个变量互为根据，则可以有一个“y 随 x 的回归方程”和另一个“x 随 y 的回归方程”，从而有两个不同的分析结果。第三，相关分析的每一个变量都是随机变量，而回归分析中，因变量是随机变量，自变量却是给定的数值。

回归分析也有不同种类：按照自变量个数，只有一个自变量的叫一元回归，或称简单回归；有两个或两个以上自变量的叫多元回归，或称复回归。按照回归线的形态，有直线回归（线性回归）和曲线回归（非线性回归），曲线回归又分指数曲线、双曲线、二次抛物线等不

同类型。

【多元统计分析】

简称“多元分析”。多元数据的统计分析。多元分析，基于同时对多个对象或变量联合观测所得多元的数据的分析，研究多个变量或多个属性标志表征的多元总体。其方法，既包含一元统计分析方法到多元情形的推广，又有不同于一元分析的独特的新方法和技巧。狭义的多元分析，主要讨论和研究具有多元正态分布的总体；广义的多元分析，则无须假设总体有多元正态分布，但一般假定总体有多元对称分布。多元分析，既研究多元连续型总体，也研究多元离散型总体，后者与列联表分析有许多类似之处。多元分析所研究的主要问题有：（1）数据或结构的简化，如在不失重要信息的情形下，压缩数据或降低数据维数，或通过变换把相依变量化为不相关或独立变量。（2）分类或判别，基于多元数据对相似对象或变量进行分类，或判别其所属类型。（3）变量或研究对象间的相依性分析。（4）建立和检验关于多元总体或参数的统计假设。（5）预测，由一些变量的值对另一些变量值或因子的作用进行预测。多元分析的主要方法，有主成分分析、因子分析、典型相关分析、聚类分析、判别分析，以及回归分析、方差分析和协方差分析等。随着电子计算技术的发展，多元分析的领域在不断扩大。

【经济计量学】

亦称“计量经济学”。一门用统计方法研究经济关系和经济规律的学科，是经济学、数学和统计学的综合，为应用经济学的重要组成部分。它以经济理论为基础，以数理统计的分析方法和计算技术为工具，根据经济统计提供的资料，建立描述经济关系的经济计量模型，并应用该模型对经济现象进行结构分析、经济预测和政策评价。

【经济计量模型】

含随机因素影响的经济变量间统计相依关系的数学方程或方程组。

设计经济计量模型，应根据一定的经济理论和统计信息资料，对经济关系做出质的分析，在此基础上确定：（1）模型所含的变量。（2）模型的数学形式。（3）模型中参数的符号和数值的先验理论期望值，以评定模型中参数估计结果的可靠性。估计模型参数的数据，主要有时间序列数据、横剖面数据和虚拟变量数据三种类型。经济计量模型，按所描述经济过程的复杂程度，分为单方程模型和联立方程模型；按所描述经济过程的范围，分为微观经济计量模型和宏观经济计量模型；按所描述经济过程中经济变量间的关系，分为线性经济计量模型和非线性经济计量模型；按所描述经济过程是否含时间参数，分为动态经济计量模型和静态经济计量模型。

【多重共线性】

亦称“多元线性相关”“复共线性”。多重共线性存在的原因是：（1）许多经济变量在时间上有共同变化的趋势，不同程度存在着相关关系。（2）解释变量及其滞后值间的相关关系。多重共线性是一种普遍现象，经济计量研究关心的不是多重共线性存在与否，而是它对最小二乘估计及统计检验的影响程度。多重共线性分为完全多重共线性和不完全多重共线性两种情形。

在回归分析中存在多重共线性会产生某些问题：（1）变量之间高度相关时，可能会使回归的结果混乱，甚至会把分析引入歧途。（2）多重共线性可能对参数估计值的正负号产生影响，特别是 β_i 的正负号有可能同预期的相反，甚至会导致对回归系数的错误估计。

识别多重共线性的方法有多种，这里只介绍几种简单的识别方法：（1）对模型中各对自变量之间的相关系数进行显著性检验。如果有一个或多个相关系数显著，就表示模型中所使用的自变量之间显著相关，因而可能存在多重共线性。（2）考察各回归系数的显著性。若模型的 F 检验显著，而几乎所有回归系数 β_i 的 t 检验都不显著，则表示模型中可能存在多重共线性。（3）分析回归系数的正负号。如果回归系数的正负号与预期的相反，则表示模型中可能存在多重共线性。（4）用容忍度和方差扩大因子来识别共线性。

一旦发现模型中存在多重共线性，就应采取某种解决措施。至于采取什么样的方法来解决，要看多重共线性的严重程度。

【统计指数】

简称“指数”。表明现象数量变动的一种相对数。广义指数，泛指同类现象在不同情形下的数量对比形成的相对指标，包括现象在不同时间或不同空间（地区、部门、单位等）以及实际完成数与计划数对比的相对指标。有三种基本形式：动态相对数、比较相对数和计划完成相对数。狭义指数，专指同类现象报告期与基期的数量相对比的动态相对指标。社会经济统计中的指数，多指狭义指数。统计指数，按其对象的范围，分为个体指数和总指数（包括类指数）；按其所反映统计指标内容，分为数量指标指数和质量指标指数；按时间和空间，分为动态指数和静态指数。

【个体指数】

亦称“单项指数”“基本指数”。以单项事物为对象的指数。如反映单项产品产量或单项商品流转量的指数；反映单项产品成本或单项商品价格的指数。个体指数用来说明个别现象变动的趋势和程度，其计算方法与一般相对指标相同。如个体产量指数 $I_q=\frac{q_1}{q_0}$，个体成本指数 $I_z=\frac{z_1}{z_0}$，个体价格指数 $I_p=\frac{p_1}{p_0}$，其中 q，z，p 分别表示某种产品的产量、成本和价格，而下标 0 和 1 分别表示基期和报告期。

【总指数】

亦称“复合指数”。表示包括不能直接用同一单位计量的多种因素的复杂现象或多种事物综合变动的相对指标。统计指数，其狭义专指复杂现象或多种事物综合变动的总指数。如某地区全部工业产品的产量指数、总成本指数以及多种商品的价格指数等。总指数有综合指数和平均指数两种基本形式。

【综合指数】

总指数的基本形式之一。由两个总量指标对比形成的指数。每个总量指标可以分解为两个（或两个以上）因素指标，其中一个为指数化指标，其余为同度量因素指标。同度量因素规定，仅考察指数化指标的变动，这样计算的总指数称作综合指数。

以产量指数 I_q 和价格指数 I_p 为例，其公式为

$$I_q=\frac{\sum p_0q_1}{\sum p_0q_0},\ I_p=\frac{\sum p_1q_1}{\sum p_0q_1}$$

式中，q 表示产量；p 表示价格；下标 0 表示基期；下标 1 表示报告期。对于产量指数 I_q，q 是指数化指标，p 是同度量因素；对于价格指数 I_p，p 是指数化指标，q 是同度量因素。上述指数都是综合指数，它们分别反映产量和价格的变动程度，而分子分母之差表明由于这种变动引起的实际经济效果。

综合指数的具体计算步骤如下。

第一，运用同度量因素，使不能直接相加的指标过渡到能够相加。计算总指数遇到的第一个问题就是如何使总体内的不同个体能够加总。例如要计算不同工业产品的产量总指数，计算不同商品的价格总指数，必须使不同工业产品的产量，不同商品的价格能够相加。为此，需使用同度量因素。所谓同度量因素，就是能使不同质，从而也不同度量的现象过渡为同质也同度量的因素。例如不同工业产品的产量既不同质也不同度量，它们分别乘以其价格便过渡为既同质又同度量的产值；不同商品的价格不同度量，它们乘以各自的销售量则为既同质又同度量的销售额，等等。在这里，各种工业产品的价格，各种商品的销售量就是同度量因素。借助同度量因素，便可以间接地将总体内的不同个体加以综合。

第二，固定同度量因素，使综合后的总量指标对比仍反映原指标的变动。同度量因素虽然使不同的个体过渡为能够相加，但它也使一种现象变成了另一种现象。例如工业产品产量变成了工业产值，商品价格变成了销售额。为了使不同时期工业产值对比仍反映工业产品产量的变动，不同时期销售额对比仍反映商品价格的变动，需将同度量因素固定。按照我国计算指数的一般原则，当计算质量指标指数时，使用报告期的数量指标为同度量因素，即把同度量因素固定在报告期；当计算数量指标指数时，使用基期的质量指标为同度量因素，即同度量因素固定在基期。

第三，将综合后的总量指标对比，计算总指数。按照一般原则，总指数的计算为

$$\text{数量指标总指数(如销售量总指数)}=\frac{\sum q_1 p_0}{\sum q_0 p_0}$$

$$\text{质量指标总指数(如价格总指数)}=\frac{\sum p_1 q_1}{\sum p_0 q_1}$$

式中，p 表示质量指标；q 表示数量指标。

【同度量因素】

亦称“同度量系数”“权数”。把不能直接用同一单位度量而不能相加的量，转化为能直接相加的量的媒介因素。它在计算总指数时起着划一指数化指标度量的作用，同时对指数化指标数值还有权衡轻重的作用，故亦称作权数。同度量因素及时期的确定通常遵循如下一般原则：指数化指标是数量指标时，用基期的质量指标作同度量因素；指数化指标是质量指标时，用报告期的数量指标作同度量因素。

【平均指数】

亦称“平均数指数”。总指数的一种形式，个体指数的简单或加权平均。统计工作中有时不能直接利用综合指数公式编制总指数，需要

以平均指数的形式计算。二者有相同的经济内容和数值。平均指数主要有调和平均指数、算术平均指数和几何平均指数。几何指数我国不常用；算术平均指数和调和平均指数与相应的综合指数，有相同的经济内容和数值。

【数量指数】

亦称“数量指标指数”。综合反映现象（生产、经营或经济工作）数量多少、规模大小的指数。如产品物量指数、商品销售量指数。数量指数是分析国民经济发展变化诸问题的重要数据之一。其编制方法参见“综合指数”。

【质量指数】

亦称“质量指标指数”“品质指数”。综合反映质量指标变动程度的指数。这类指数用来综合说明经济工作质量的高低或效益的好坏。如产品成本指数、劳动生产率指数、价格指数都是质量指数，其编制方法参见“综合指数”。

【计划完成指数】

综合说明计划指标完成情况的指数，某一现象的实际完成量与计划量之比。例如品种计划完成情况指数、工时定额完成情况指数、产品成本计划完成情况指数等。计划完成指数是计划完成相对数的特殊形式，其编制原理源于动态指数的理论。所不同的是，动态指数是不同时期量的对比，对比的标准是基期量；而计划完成指数则是同一时期不同量的对比，对比的标准是计划量。

【指数法】

亦称“指数分析法”。通过指数的编制和分析，研究现象的数值（在时间或空间上）综合变动的统计方法。指数法可以把包括不能直接用同一单位计量的因素的各种复杂现象加以比较，以说明现象变动的方向和程度，进而分析各种因素对现象的影响程度和方向。统计分析中广泛利用指数法研究国民经济的综合变动程度和发展趋势，揭示现象总变动中各种因素变动的影响，分析计划的执行和完成情况。

【指数体系】

相互联系且数值上保持一定关系的三个或三个以上指数所形成的体系。例如：

销售额指数＝销售量指数×价格指数

总成本指数＝单位成本指数×产量指数

原材料消耗额指数＝产量指数×单位产品原材料消耗指数×单位原材料价格指数

这里，销售额、价格、销售量三指数和原材料消耗额、产量、单耗量、单价四指数分别构成指数体系。指数体系中的指数，其中一个为总变动指数，而其余为因素变动指数。它们之间存在固有的内在联系，这种联系的数量表现就是数量对等关系。因此，指数体系反映现象的固有联系，根据指数体系可以进行指数间的互相换算，分析各个因素影响的方向和程度。

指数体系反映客观事物本身的联系，这种联系在它们的变动绝对数之间则表现为：总变动绝对数等于各因素变动对总变动影响的绝对数之和，例如：

销售额增减额＝销售量变动影响销售额的增减额＋价格变动影响销售额的增减额

【指数因素分析法】

简称“因素分析法”。基于指数体系，分析受多种因素制约的现象的总变动中，各因素的影响程度和方向的一种统计分析方法。其基本特点是，在指数体系的诸因素中，测定一个因素影响时，使其他因素保持不变。其基本方法基于总变动指数与因素变动指数间的数量对等关系。如制约总成本 C 变动的因素有产量 q 和单位产品成本 h 。总成本指数与因素指数的数量对等关系为

$$\frac{\sum h_1 q_1}{\sum h_0 q_0} = \frac{\sum h_0 q_1}{\sum h_0 q_0} \times \frac{\sum h_1 q_1}{\sum h_0 q_1}$$

$$\sum h_1 q_1 - \sum h_0 q_0 = \sum h_0 (q_1 - q_0) + \sum (h_1 - h_0) q_1$$

式中，$\frac{\sum h_1 q_1}{\sum h_0 q_0}$ 和 $\sum h_0 (q_1 - q_0)$ 分别表示总成本变动中产量 q 变动的相对和绝对效应；$\frac{\sum h_1 q_1}{\sum h_0 q_1}$ 和 $\sum (h_1 - h_0) q_1$ 分别表示成本 h 变动的相对和绝对影响。因素分析，按所分析指标的形式，分为总量指标元素分析和平均指标因素分析；按因素个数，分为两因素分析和多因素分析。

【固定构成指数】

亦称“固定组成指数”。用固定时间或空间上的权数计算的平均指标指数，即总体结构固定，只反映指数化数值变动影响的指数。如用固定时期的职工构成计算的平均工资指数

$$I_f = \frac{\sum x_1 f}{\sum f} \Big/ \frac{\sum x_0 f}{\sum f}$$

其中分子和分母的指数化数值——工资水平 x 是不同时期的，但构成 f 都是同一时期的，因此 I_f 只反映工资水平的变动对平均工资的影响。综合指数一般为固定构成指数，由于计算时同度量因素（权数）的时间固定，它只反映指数化数值的变动。

【可变构成指数】

亦称“可变组成指数”。用可变权数计算的平均指标指数。其数值既受指数化指标数值大小影响，也受总体结构变动的影响。如用报告期与基期总平均工资水平 $\bar{x}_1$ 和 $\bar{x}_0$ 之比表示的平均工资指数

$$I_v = \bar{x}_1/\bar{x}_0 = \frac{\sum x_1 f_1}{\sum f_1} \bigg/ \frac{\sum x_0 f_0}{\sum f_0}$$

就是一种可变构成指数，它既受指数化数值工资水平 x 变动的影响，也受不同工资水平的职工人数构成 f 变动的影响。

【结构影响指数】

简称“结构指数”。将指数化数值水平（在时间或空间上）固定，只反映结构（权数）变动影响的指数。如对于平均工资结构影响指数，工资水平固定在基期，只反映报告期与基期各类水平工资的职工人数结构变化的指数为

$$I_s = \frac{\sum x_0 f_1}{\sum f_1} \bigg/ \frac{\sum x_0 f_0}{\sum f_0}$$

式中，x_0 表示基期各组的工资水平；f_1 和 f_0 分别表示报告期和基期各组的职工人数；I_s 综合反映职工结构变动对平均工资的影响。结构影响指数 I_s，等于相应的可变构成指数 I_v 与固定构成指数 I_f 之比，$I_s = I_v/I_f$。

【共变效应】

亦称“共变影响”。统计指数因素分析法中的概念，与因素试验的设计与分析中“交互作用”的概念类似。制约和影响总量变动指标的两个或更多因素的联合效应。如总量变动指标为销售额，制约和影响它的因素有价格 P 和销售量 Q，当价格 $P=p_0$ 不变，而销售量 Q 从 q_0 变到 q_1 时，销售额从 p_0q_0 变为 p_0q_1，当价格 $Q=q_0$ 不变，而 P 从 p_0 变到 p_1 时，销售额从 p_0q_0 变为 p_1q_0。在销售额的总变动 $E_T = \sum p_1q_1 - \sum p_0q_0$ 中，价格 P 的单独效应为 $E_P = \sum(p_1 - p_0)q_0$；销售量 Q 的单独效应为 $E_Q = \sum p_0(q_1 - q_0)$；而 $E_{P\times Q} = E_T - E_P - E_Q = \sum(p_1 - p_0)(q_1 - q_0)$ 就是价格 P 和销售量 Q 的共变效应。经验

表明，两个因素和三个因素的共变效应往往比较显著，四个或更多因素的共变效应常可忽略不计。

【指数数列】

将连续编制的各个时期的指数，按时间先后顺序排列起来所形成的数列。指数数列也是一种时间数列。指数数列，按范围，分为个体指数数列和总指数数列；按基期，分为定基指数数列和环比指数数列；按权数（同度量因素），分为可变权数指数数列和固定权数指数数列。

【定基指数数列】

简称“定基指数”。按同一基期计算的指数形成的指数列。如价格指数列

$$I_n=\frac{\sum p_n q_n}{\sum p_0 q_n}(n=1,2,3,\cdots)$$

其中，各指数都使用同一基期价格 p_0 。

【环比指数数列】

简称“环比指数”。指数列中的各个指数，都是以前一个时期为基期计算的指数，用以说明现象逐期变动的情况。以产量指数为例

$$I_n=\frac{\sum p_{n-1} q_n}{\sum p_{n-1} q_{n-1}}(n=1,2,3,\cdots)$$

式中，q 代表产量；p 代表价格。

【价格指数】

亦称“物价指数”。反映商品、产品或劳务价格变动的相对指标，报告期商品、产品或劳务数量 q_1 分别按报告期价格 p_1 和基期价格 p_0 计算的两个总额之比：$I_p=\frac{\sum p_1 q_1}{\sum p_0 q_1}$ ，亦可利用调和平均指数公式计算价格指数

$$I_p = \frac{\sum p_1 q_1}{\sum \frac{1}{i} p_1 q_1}$$

式中，$i = p_1 / p_0$，是单项价格指数（价比）。价格指数按商品、产品或劳务的范围，分为单项价格指数、分类价格指数和价格总指数。

【成本指数】

亦称“费用指数”。反映产品成本水平变动的相对指标，产品的报告期实际总成本与按基期单位成本计算的总成本的比率。编制成本指数通常采用报告期的数量指标作同度量因素。成本指数按其反映对象的范围，分为单位成本指数和综合成本指数（简称成本指数）；按其反映费用的范围，分为生产成本指数和销售成本指数。此外，有的国家为反映受雇佣者工作补偿的变动情况，还编制“就业成本指数”。

$$\text{综合成本指数}\ I_z = \frac{\sum z_1 q_1}{\sum z_0 q_1}$$

式中，z_1 和 z_0 分别表示报告期和基期单位产品成本；q_1 表示报告期产量。

成本指数一般指综合成本指数。

【生产成本指数】

亦称“工厂成本指数”。反映产品生产成本变动的相对指标，产品报告期的实际生产成本总额与按基期单位成本计算的生产成本总额的比率。

【销售成本指数】

亦称“商业成本指数”“完全成本指数”。反映产品的销售成本（生产和销售所需费用的总和）变动的相对指标，报告期实际销售成本总额与按基期单位销售成本计算的销售成本总额的比率。销售成本指数是企业生产经营活动质量的综合性指标之一。

【时间数列】

亦称“时间序列”“动态数列”。反映现象或事物的统计指标的数值，按时间顺序排列所构成的数列。如历年钢产量、历年年末职工人数。时间数列用于分析研究现象数量方面的发展变化的方向、速度及其规律并据以预测未来水平。时间数列有两个基本要素：一是指标所属的时间——时点或时期；二是指标在相应时间上的数值——水平。时间数列，按指标形式，分为绝对数时间数列、相对数时间数列以及平均数时间数列；按时间，分为时期数列和时点数列；按时间完整或缺项，分为完全时间数列和不完全时间数列。编制时间数列的基本原则，是数列中各指标数值的可比性：(1) 指标所涉及的总体范围一致。(2) 指标所反映的现象的性质、范畴、内容相同。(3) 指标数值的计算方法和计量单位一致。(4) 时期的长度和距离、时点及其间隔可比。

【发展水平】

亦称“时间数列水平”。时间数列中指标的数值。它反映现象在各个不同时间所达到的规模和水平，是计算各种动态分析指标的基础。时间数列中第一项指标数值称为最初水平，最末一项指标数值称为最末水平；各项指标数值的平均数称作平均水平。在对比两个时间（时期或时点）的发展水平时，所研究时间的发展水平称作报告期水平或计算期水平；作为基础时间的发展水平称作基期水平。

【时点数列】

由所考察指标在每个时点上的数值所形成的时间数列。如历年年底的人口数构成的时间数列。时点数列反映现象在每一时点（或时刻）上所处的水平，其主要特点是：(1) 不同时点水平相加无意义，但是相减有一定意义。(2) 数列中数值大小和时间间隔长短没有直接关系。

【时期数列】

由每个时期的指标数值构成的时间数列。反映现象在每个时间段

——时期（如一昼夜，一个月，一年等）内达到的规模和水平。时期数列和时点数列的划分，多用于绝对数时间数列。但时期数列还可以分为绝对数时期数列、相对数时期数列和平均数时期数列。绝对数时期数列的水平，通常用每时期总量表示，通过连续不断汇总得来。如某地区历年的工业总产值、粮食总产量形成的时期数列。绝对数时期数列的数值可以相加，以表示更长时期的总量。相对数时期数列和平均数时期数列的水平不能直接相加，如某地区历年工业总产值在全国历年工业总产值中的比重形成的时期数列，某地区历年粮食的单位面积产量形成的时期数列，其水平不能直接相加。

【时期间距】

亦称“时期距离”。时期数列中相邻两个时期之间的时间距离。如，一年内逐月的产量形成的时期数列，时期间距为一个月（恰好等于时期长度）；假如缺少六月份数据，则五月和七月的时期间距为两个月（不等于时间长度）。为便于动态分析，编制时期数列时，应尽量保持时期间距相等。

【时滞】

亦称“滞差”。说明一种现象同另一种与之有关的现象相比在时间上的错后或超前的一种指标。例如工业投资往往需要经过几年才能回收，因此在研究投资对经济发展的作用时必须考虑若干年内或若干年后的影响。时滞就是反映这种滞后作用的指标。

【动态比较指标】

由时间数列中各个时间的指标数值通过比较而派生的指标。这里的比较是指相除、相减或结合相除与相减等运算。动态比较指标有增长量、发展速度、增长速度和增长百分之一的绝对值等。发展速度和增长速度是相对指标，通过动态数列中指标值相比产生的。增长量和增长百分之一的绝对值是绝对数指标，前者是通过相减产生的，后者是通过相除与相减运算产生的。

【增长量】

亦称“增减量”“绝对增长量”。时间数列报告期水平减去基期水平所得的差数，是反映发展水平在一定期间内增长的一种绝对指标。增长量，取正值时，说明发展水平增长的数量；取负值时，为减少量或降低量，说明发展水平减少的数量。按照选用基期的不同，增长量可分为逐期增长量和累计增长量。逐期增长量即是以报告期的前一期作为基期，报告期水平减去前一期水平所得的差数，反映现象逐期增减的绝对数量。累计增长量以某一固定期作为基期，报告期水平减去该固定期水平（通常为最初水平）所得的差数，反映现象在一段时间内增减的总量。对于时间数列 a_0，a_1，a_2，a_3，…，a_n，其逐期增长量为 a_1-a_0，a_2-a_1，a_3-a_2，…，a_n-a_{n-1}；累计增长量为 a_1-a_0，a_2-a_0，a_3-a_0，…，a_n-a_0。全期累计增长量等于逐期增长量之和。

【发展速度】

反映过程或现象发展快慢的一种动态比较指标，等于时间数列中报告期水平与基期水平之比，用百分数或倍数表示，说明报告期水平已发展到基期水平的百分之几或若干倍。按采用的基期不同，发展速度分为环比发展速度和定基发展速度两种。全期的定基发展速度等于各期环比发展速度的乘积。

【定基发展速度】

亦称“总发展速度”。反映过程或现象在较长时间内总的发展速度的动态比较指标，等于报告期水平与某一固定基期水平之比，用百分数或倍数表示。常以最初水平作为固定基期。对于动态数列 a_0，a_1，a_2，a_3，…，a_n，各期的定基发展速度分别为

$$\frac{a_1}{a_0},\frac{a_2}{a_0},\frac{a_3}{a_0},\cdots,\frac{a_n}{a_0}$$

亦可选择某个特定时间作为固定基期。例如，以某一特定年份的某月或某季作基期，以历史上最高或最低水平的时间作为基期等。

【环比发展速度】

反映过程或现象逐期发展快慢的动态比较指标，等于时间数列中报告期水平与直接前一期水平之比。如果计算的时间单位是年，则这个指标也称之为年发展速度。如对于时间数列 a_0，a_1，a_2，a_3，…，a_n，各期的环比发展速度为

$$\frac{a_1}{a_0},\frac{a_2}{a_1},\frac{a_3}{a_2},\cdots,\frac{a_n}{a_{n-1}}$$

环比发展速度等于两个相邻定基发展速度相除，定基发展速度等于相应的各个环比发展速度的连乘

$$\frac{a_n}{a_0}=\frac{a_1}{a_0}\times\frac{a_2}{a_1}\times\frac{a_3}{a_2}\times\cdots\times\frac{a_n}{a_{n-1}}$$

【增长速度】

亦称“增减速度”。反映现象增减程度的一种动态比较指标，等于报告期水平相对基期水平的绝对增长量与基期水平之比，即发展速度减 1。增长速度取正值时亦称增长率，取负值时称降低速度或降低率。按选用的基期不同，增长速度分为定基增长速度和环比增长速度。

定基增减速度＝定基发展速度－1

环比增减速度＝环比发展速度－1

【增长百分之一绝对值】

基期水平的 1%或绝对增长量除以增长速度所得商的 1%，反映现象在动态变动中每增长 1%的实际增长量的一种绝对指标。其计算公式为

$$增长百分之一绝对值=基期水平\times1\%=\frac{增长量}{增长速度}\times1\%$$

报告期比基期每增长 1%的绝对数量，表明增长的实际效果。在

动态分析中，由于相对数的特点，相同的增长率会有不同的增长量，或者增长率大而增长量并不高，增长率小却增长量比较高。可见，增长百分之一绝对值说明增长速度与绝对水平之间的关系，是相对数与绝对数结合运用的具体体现。

【百分点】

两个百分率的差数，用来表明现象相对比率（用百分比表示）的差异。百分率之间比较的结果用百分点表示，通俗易懂，简洁明了，实际工作中应用较为广泛。

【动态平均指标】

亦称“序时平均数”“时间平均值”。时间数列的平均分析指标。时间数列中各项指标数值按时间加以平均所得的平均数，反映过程或现象在一段时间内的平均水平或平均速度。动态平均指标，可以使时间长短不等的时间数列指标变为可比；可以使不同时期、不同地区、不同部门以致不同国家间某一事物进行广泛的对比；可以消除短时间内的偶然因素的影响，以揭示长期的发展趋势和规律。动态平均指标，包括平均增长量，平均发展水平，平均发展速度和平均增长速度等。绝对数、相对数和平均数三种时间数列都可以计算动态平均指标，其中由绝对数时间数列计算的动态平均指标是计算其他动态平均指标的基础。

【平均发展水平】

由反映现象发展水平的时间数列，经平均而得到的动态平均指标。对于绝对数、相对数、平均数三种时间数列，平均发展水平的计算方法各不相同；对于绝对数时间数列，一般直接将数列中各指标值加总然后平均；对于相对数及平均数时间数列，首先分别计算形成这个数列的两个绝对数时间数列的总量或平均发展水平，然后再进行对比求得。

【平均发展速度】

环比发展速度的动态平均指标。说明现象在一个较长时期内逐期平均发展变化的程度。有两种数学论据和计算方法各不相同的概念——水平法平均发展速度和累计法平均发展速度。设 a_0，a_1，a_2，a_3，…，a_n 是一时间数列；$x_1=\frac{a_1}{a_0}$，$x_2=\frac{a_2}{a_1}$，$x_3=\frac{a_3}{a_2}$，…，$x_n=\frac{a_n}{a_{n-1}}$；以 $\bar{x}$ 表示平均发展速度。

（1）水平法，用环比发展速度 x_1，x_2，x_3，…，x_n 的几何平均值作平均发展速度 $\bar{x}$：

$$\bar{x}=\sqrt[n]{x_1 \times x_2 \times x_3 \times \cdots \times x_n}=\sqrt[n]{\frac{a_n}{a_0}}$$

水平法平均发展速度的计算公式不能确切反映中间各期水平，只涉及期数 n，最初水平 a_0 和最末水平 a_n，故只宜用逐期发展速度比较均匀的情形和关心最末期所达到的水平的问题，如人口、产值等问题。

（2）累计法，用如下方程的正根作平均发展速度 $\bar{x}$：

$$\bar{x}+\bar{x}^2+\bar{x}^3+\cdots+\bar{x}^n=\sum_{i=1}^{n}\frac{a_i}{a_0}$$

【平均增长速度】

亦称“平均增减速度”。反映现象在一较长时间内逐期平均增长程度的动态平均指标。等于平均发展速度减去 1 或 100%后的余数，即

平均增长速度＝平均发展速度－1(或 100%)

平均增长速度，为正值时表示现象的水平平均是逐期增长的；为负值时表示现象的水平平均是逐期下降的。与水平法和累计法两种平均发展速度相对应，也有两种平均增长速度的概念。

【时间数列分析】

（1）分析、测定构成时间数列的各因素（长期趋势、季节变动、

循环变动和不规则变动）以及它们的构成形式（乘法模型、加法模型和混合模型）和测定。(2) 分析、检验时间数列的自相关性及时间数列间的相关程度。

【时间数列相关分析】

(1) 分析、测定时间数列在不同时间上发展变化的相关程度及相关规律。通常用自相关函数及偏相关函数来表征。(2) 分析测定两个或两个以上时间数列的相关程度。对时间数列进行相关分析时应注意两个特点：①时间数列可有两种形式进行相关分析：一种是根据原数列进行，此时由于原数列中同时含有长期趋势、季节变动、循环变动及不规则变动等各种因素，因而分析结果是此数列各种成分综合结果的相关关系；另一种是对于时间数列中的某个因素进行相关性分析。上述两种形式的相关分析结果往往是不一致的。②若两个时间数列存在时差，则影响相关分析的结果，例如对于收入与消费所构成的两个时间数列，今年收入将影响下一年的消费，即收入较消费超前一年，因此在进行相关分析时宜将收入数列移后一年再与消费数列进行相关分析。

【季节变动分析法】

分析时间数列水平在一年或更短时间内随时间变化而呈现的周期性变动的规律，测定季节比率和季节变差。其主要方法有：季节平均法和长期趋势剔除法。季节变动分析的目的是：(1) 揭示现象随季节而变动的规律。(2) 根据季节变动规律进行短期预测。(3) 消除季节变动影响以便更好地研究时间数列的其他变动成分。

【时间数列趋势分析】

分析测定时间数列水平发展变化的总趋势。如，分析时间数列水平是持续向上或持续向下发展，或处于基本稳定状态。趋势分析，要计算持续变化的具体数量、发展速度，用一定方式表示时间数列水平随时间变化的规律。趋势分析的目的，是预测未来并为正确决策提供信息。测定了长期趋势，就可以更有效地研究季节变动和循环变动。测定长期趋势的方法主要有：手绘法、时距扩大法、移动平均法和数学方程式法等。

【预测】

一门综合性科学。探索现象或事物的未来，并且事先对其未来做出预示、推测、估计或评价的一整套理论和方法。预测的理论多是其他学科理论的扩展和应用，其方法也多是借鉴其他学科的已有结果。按预测的内容分，有社会预测、经济预测、技术预测、军事预测等。

预测的基本步骤是：（1）确定预测目标和方案。（2）搜集预测资料和信息。（3）根据预测目标和资料的特点，提出预测模型，选择适当的方法进行预测。（4）对预测结果进行核准、评价和修正。（5）为决策提供预测信息。预测资料的主要来源，是历史资料以及目前对预测对象及其影响因素的了解和分析。

主要的预测模型有：时间数列模型、因果或解释模型、统计预测模型和非统计预测模型。每一种预测模型描绘一类预测方法的基本前提和程序。

预测不但需要掌握丰富的资料和使用先进科学的方法，而且往往还需要预测者有丰富的实践经验和准确的直觉判断能力及娴熟地使用各种预测方法的技巧，因此从某种意义上说，预测也是一门艺术。

【预测要素】

一项完整的预测应包含的主要成分。预测有四个要素：（1）定性要素——预测的第一要素，包括对预测对象未来的模式或模式变化做定性的分析和描绘，预见发展方向和转折，它的确定往往伴随一些新概念和新思想的产生并主要靠预测者的主观判断。（2）定量要素，即预测对象在未来的数量、规模及变化程度，一般用经济或技术指标及参数的数值或范围表示。（3）定时要素，即拟议中的预测结果的发生时间。(4) 概率要素，即预测对象出现的可能性的数值度量，它实际上是预测结果出现可能性的一种概率估计。

【预测变量】

所要预测的量。在定量预测中，特别是在模型预测中，为准确地描述预测对象及其影响因素的变动、描述预测对象与这些因素之间的关系，常把预测对象视为因变量，把影响因素视为自变量。这时因变量称为预测变量，自变量称为影响变量。对于因果预测模型，预测活动就是：通过影响变量与预测变量的关系，利用影响变量和预测变量在过去、现在的已知数值，来推测预测变量在未来的数值。

【预测模型】

为进行预测而建立的数学模型。每一种预测模型，描绘一类预测方法的基本前提条件和进行预测的程序。常用的预测模型主要有：时间数列模型、因果模型或解释模型、统计预测模型和非统计预测模型。

【预测误差】

预测结果对实际结果的偏差。预测误差越大，预测结果的精确性越低；预测误差越小，预测结果的精确性越高。预测误差产生的原因主要有：(1) 资料不全，无法反映某些重要因素对预测结果的影响。(2) 预测方法和预测模型本身的限制。(3) 一些偶然的、非正常因素的干扰。在定性预测中，一般采用直观的方法来判断预测误差。在定量预测中，一般根据预测值与实际值求得预测值的标准差、平均偏差等，来衡量预测误差的大小。

【预测区间】

定量预测中预测变量在预测期内变动的数量范围。预测区间有时仅仅表现为包含预测值的一般数量变动区间，有时则表现为预测值的具有一定置信度的置信区间。在进行某些定量预测时，有时要求推算出预测变量在预测期内的具体数值（点预测），有时则要求推算出预测变量的变化范围（区间预测）。在某些场合既要求点预测值又要求预测区间。

【点预测】

定量预测的范畴。（1）预测活动：求预测变量在未来的估计值。（2）预测结果：预测变量在未来的估计值。

【区间预测】

定量预测的范畴，点预测的对称。（1）预测活动：求预测变量在未来的变动范围。（2）预测结果：预测变量在未来的变动范围，即预测区间。

【统计预测】

根据统计资料，运用概率理论、统计分析和统计推断方法的一类定量预测。狭义的统计预测指根据受偶然因素影响和制约的现象、事物或过程的过去的统计资料所显示的统计规律性，对预测变量进行预测；它可提供关于预测结果的置信度和误差限的信息，其结果较其他预测法科学和精细，但方法一般较复杂。统计预测按性质不同分为定性预测和定量预测；按方法不同分为调查研究预测、时间数列预测、回归预测、投入产出预测等；按时期长短不同分为长期、中期、短期和近期预测。

【非统计预测】

统计预测的对称。不遵循概率理论和统计分析一般原则的预测方法。非统计预测一般较少以基本统计数据为基础，它主要根据预测者的经验、直觉和判断力进行预测。多数非统计预测不能确定预测结果的置信度和误差限。各种定性预测都是非统计预测。

【定性预测】

定性预测是一种直观预测，主要目的不在于推算具体数字，而在于判断事物的未来性质和发展方向。定性预测适用于综合性较强、涉及面较广、影响因素较复杂且难以数量化的预测项目，多采用调查研究方式进行。预测的准确性主要取决于主观经验和知识。

【定量预测】

定量预测是根据系统的统计资料，运用科学的统计方法，对事物的未来进行数量上的测算。预测结果表现为预测变量在未来的估计值（点预测）或变化范围（预测区间）。常用的定量预测方法有回归分析、相关分析、指数平滑法、计量经济模型和投入产出等方法。一般来说，定量预测比定性预测具体、准确。

【经济预测】

以各种经济活动为研究和预测对象的预测。其目的在于探索经济未来的发展方向、趋势、途径和目标。

经济预测的基本内容有：(1) 预测自然资源、人口资源和国民财富的增长。(2) 探索国民经济动态，如整个国民经济或部门经济的发展方向和前景，达到一定目标的途径，预示结构的变化，推测发展速度等。(3) 预测社会需求（包括生产、个人和国家的需求）。发展的界限值是经济预测的重要指标。

经济预测，按预测对象的范围分为宏观经济预测和微观经济预测；按预测时间分为长期预测（5 年以上）、中期预测（1～5 年）、短期预测（3 个月～1 年）、近期预测（3 个月以内）；按预测方法分为探索预测和目标预测；按预测内容分为市场预测、资源预测、需求预测等。

【市场预测】

根据市场调查结果，对市场未来的发展变化进行的预测。市场预测的主要内容有：市场供给和需求变化趋势；外部因素对市场供求关系的影响方向和程度；价格的变动方向和程度；销售情况的变动、产品更新换代的前景等。

【资源预测】

经济预测的内容之一。对一定种类的资源（如原材料、辅助材料、能源）未来情况进行的预测。影响资源未来情况的主要因素有：某种资源的储藏以及替代资源的储藏及开采情况；某种资源在整个经济发展中的作用即经济发展对该资源的依赖程度、市场需求的变动趋势、经济发展趋势、价格变动趋势等。资源预测的任务，是根据对上述因素的分析和估计，对资源的未来变动趋势做出较为准确的推测。

【需求预测】

市场预测的主要内容之一。对某种或某类商品的未来需求趋势进行的预测。其内容包括现实市场和潜在市场对某种或某类商品的需求水平及变化方向和程度。进行需求预测要考虑的主要因素有：（1）商品的销售对象，即商品有哪些可能的消费者。（2）消费者的生活和风俗习惯、消费结构、收入水平、实际购买力等。（3）替代品种类、数量、价格未来的变化。（4）消费者心理因素，特别是对商品未来价格等因素变动的反映。

【宏观经济预测】

对宏观经济活动的预测，包括对整个国民经济活动的总前景以及相应经济活动的总量（如社会总产值、国民生产总值、国民收入、总供给和总需求水平、总物价指数、积累率等）的预测。

【微观经济预测】

对微观经济活动的预测，包括对单个经济活动实体（如生产商、消费者等）的各种经济活动及后果的预测。如一个企业的产品的产量、销量、成本、利润或一个公司、商店的营业额、利润，一种商品的价格的预测等。

【方案预测】

一种经济预测方法。在诸如关于技术将如何发展、将采取何种经济措施等各种推测的情况下，以对各种不同发展方案的比较为基础进行的预测。对于方案预测结果的分析，有助于研究、设计、新技术和新产品开发以及科学技术工作的重要方向的选择；有助于投资的分配和使用以及其他经济决策的采纳。方案预测要依据有关科学技术进步和经济发展的统计资料。如果方案预测可以发挥控制作用，则它是一种积极预测。如果方案预测只依据某系统的内在趋势或历史资料，则它是消极预测。实际中采用的方案预测有三种类型：乐观（高水平）预测、悲观（低水平）预测和满意（中等水平）预测。

【目标预测】

亦称“定额预测”“标准预测”。一种经济预测方法。以给定的发展方向和目标为依据，用逐步由未来向现实逆推的方法，预测达到既定目标所规定的水平的途径和期限。目标预测通常是积极预测。

【探索预测】

亦称“起源预测”“探查预测”。“目标预测”的对称。在初始条件给定的情况下预测研究对象未来一定时间的水平、数量或状态的方法。它从预测对象现实的状况出发，利用现有信息，采用趋势外推、类推或历史比拟等预测方法，逐步引申到预测对象的未来。探索预测既可能是积极的，也可能是消极的。

【技术预测】

定性预测的别称。以技术的发展为对象的预测。技术预测，按对象可分为技术系统总体发展预测、各种专门技术发展预测以及技术与社会、经济等相互作用和相互影响的预测。技术系统总体发展预测，主要研究技术的总体发展规律和趋势，是一种宏观的、综合性的预测，包括对国家的科学技术发展水平、技术力量、技术结构、技术政策等预测。各种专门技术发展趋势的预测，主要包括新技术的发明与研制的预测，新技术应用领域、前景、时间的预测，新旧技术替代时间、速度的预测，以及新技术的技术经济效益的预测。技术发展影响的预测，包括新技术的应用条件，新技术的采用对社会、经济、人口等的发展所产生的后果等预测。技术预测所采用的方法主要有：增长曲线法、替代曲线法、包络曲线法、S型曲线法等。

【直观预测法】

以预测者的经验和知识为基础，通过对预测对象过去和现在情况的分析以及对未来的直观判断进行预测的方法。其优点是：在缺乏足够的资料时，仍然能对未来事件的发展趋势做出较为准确的估计和判断。特别是在不宜采用技术手段的条件下，直观预测法就成为不可缺少的预测工具。它主要包括专家预测法、德尔菲预测法、经验预测法、调查预测法、类推预测法、头脑风暴法、主观概率预测法、交互影响预测法等。

【关联分析预测法】

在定性分析的基础上，借助预测变量与其主要影响因素之间的相互依存关系进行预测的方法。基本做法是：利用相关分析方法求得反映预测变量及其影响因素之间相互依存程度的相关系数（单相关、复相关或偏相关）；根据所得结果，在一定显著性水平下选择若干自变量作为预测变量的主要影响变量；最后根据这些变量现在、过去及将来的数值，利用它们与预测变量的依存关系推测出预测结果。在一般情况下，往往在相关分析的基础上进一步求出预测变量对上述自变量的回归方程，然后利用该回归方程进行预测。

【决策树预测法】

利用决策树进行预测的一种直观预测方法。决策树源于如下决策方法。假定决策 D 有 d_1 和 d_2 两个方案，这两个方案分别有 m 和 n 种可能的子方案，而每个子方案又会有若干种决策。这种决策方法在每个步骤上都引申出若干种决策来，形似树干上长出枝杈，枝杈上又长出树梢，故称为“决策树法”。利用决策树进行预测的步骤是：（1）确定预测目标，即对预测对象进行定性分析，明确在预测期内预测对象所能达到的目标，并以此规定具体的要求和标准。（2）绘制决策树，即在系统分析的基础上，逐级把总目标、分目标、子目标进行分解，然后按其相互关系建立决策树。（3）预测未来事件发生的可能性即概率，并以此求出相应的期望值，最终作为总目标的期望值。

【类推预测法】

利用预测对象与已知有关事件之间的类比，由已知事件的某些相同特征，来推测预测对象未来特征的方法。一般称预测对象为“类推物”，它与已知有关事件一起构成类推模型。类推预测法的基本方法是：把类推物与已知有关事件进行比较，如果发现两者具有一些相同的基本特征，那么就可断定类推物在某些方面具有与已知有关事件相类似的结果。它的形式有两种：有效类推和偶然类推（亦称随机类推）。有效类推指依据类推物与已知有关事件之间具有一定规律、稳定的同类特征进行类推；偶然类推（随机类推）则是依据类推物与已知有关事件之间瞬时、偶然存在的同类特征进行类推。因此，使用有效类推法进行预测的准确性，高于使用偶然类推法进行预测的准确性。一般情况下使用的类推法多为有效类推法。

【调查预测法】

通过对预测对象进行实地调查，依据调查结果进行预测的一种直观预测法。其优点是直接依靠实地调查所得资料做出预测，不考虑或少考虑个人或集体的经验，因此降低了主观因素的影响。其局限性在于预测工作和结果受到所使用调查方法的影响。如使用全面调查则费用较高，时间较长，因而增加了预测的困难；如使用非全面调查则调查对象的代表性高低将影响预测结果的准确性。

【经验预测法】

主要依靠个人或集体过去的经验来推测未来的一种直观预测法。其特点是：方法简单、工作量小，可迅速得到预测结果，但假定性太强，预测结果受到预测者过去经验是否可靠，以及这些经验对未来是否适用等因素的影响。

【专家预测法】

一种定性预测法。召集若干名有经验的专家，利用集体的智慧，对未来事件做出判断的预测方法。大致可分为两类：会议式和非会议式。会议式指专家们面对面地进行讨论，对未来事件发表各自的意见，最后达成一致的看法，从而形成对未来事件的预测。这种方法的优点是既快又节约经费，也易于组织；缺点是参加会议的专家学术、社会地位不同，“大人物”的个人意见严重影响集体的看法，而且有时多数人的意见还会造成“随大流”的效果，故会影响预测的准确性。非会议式专家预测法，是为了克服这些缺点而产生的，这就是著名的德尔菲预测法。

【因果预测法】

利用预测对象与其影响因素之间的因果关系进行预测的方法。它以对预测对象及其影响因素的定性分析为基础，通过对所占有资料的分析，找出影响预测对象的主要因素，并揭示它们之间的相互关系，特别是因果关系，然后利用这些因果关系对预测对象做出预测。因果关系分析是一切定性分析和定量分析的基础，也是这种预测方法的关键。

因果预测法主要有：回归分析预测法、经济计量预测法、投入产出预测法等。

【经济计量预测法】

利用经济计量模型进行预测的方法。经济计量模型用一组方程式描述各变量之间的相互依存关系。这些联立的方程，可以是回归方程，也可以是恒等式（定义性方程式）。回归方程可以是线性方程，也可以是非线性方程。经济计量模型的优点在于：不仅因变量与自变量的相互关系得到反映，而且自变量之间的相互关系也能由模型中若干方程来反映。因此它能对预测对象及其影响因素做出较全面、准确的度量。利用经济计量模型进行预测，不仅考虑了自变量对预测变量的制约关系，而且预测变量对自变量的反馈作用以及自变量之间的关系也得到了反映，因此能对复杂的社会经济现象做出比较准确的预测。

【投入产出预测法】

利用投入产出模型进行预测的方法。投入产出模型反映一个经济体系中各个部门间的经济技术联系，以及各项经济活动的投入与产出之间的数量依存关系。在模型中，这些经济技术联系及数量依存关系是通过直接消耗系数矩阵反映的。假定直接消耗系数矩阵在预测期内具有相对的稳定性，那么利用投入产出模型，就可以由一部分经济变量的已知数据来预测另一部分经济变量未来的值。投入产出预测法的特点在于，它能够同时对一个经济体系内的多个部门或多种经济活动的未来情况做出预测，这是其他一些方法（如回归预测法、时间数列预测法）无法比拟的。

【时间数列预测法】

由时间数列过去和现在的水平，预测未来水平的方法。时间数列预测法，是实际中最常用的定量预测方法。其基本做法是把时间数列过去和现在的模型引申到未来的外推法。其基本前提是预测对象的发展变化始终（至少在一定时间内）遵循同一模式或规律。时间数列预测法，通过对历史数据的统计分析，揭示蕴涵在其中的模式或规律，描绘其特点，然后将这种模式或规律外推以预测时间数列的未来水平。

最常见的方法有：朴素预测法、平滑法、分解法、趋势外推法、适应性过滤法、自回归移动平均法等。其共同特点是以时间数列的实际水平的加权平均值，作未来水平的预测值。各种不同时间数列预测法的主要区别，在于它们选择权数的方法各不相同。

【平滑预测法】

将时间数列的随机波动剔除，并将所得总趋势外推以求得预测值的方法。剔除随机波动一般采用数学期望或算术平均的方法。平均的范围可以是整个数列（即整体平均数平滑），也可以是数列的一部分（即移动平均数平滑）。移动平均可进行一次（即一次移动平均数平滑或简单平均数平滑）或多次（即多重移动平均数平滑）。最常用的平滑预测有两大类：平均平滑预测法和指数平滑预测法。

【趋势外推法】

预测时间数列未来趋势最常用的一种方法。其基本做法是：根据对已有资料的分析，利用一定的方法求得预测对象到目前为止的总发展趋势及变化规律，然后按照这些规律将总发展趋势延伸（即外推）到预测期内，即得预测对象在未来的水平的预测值。按总趋势的求法，趋势外推法可分为几种不同的类型，最常用的有平滑法（移动平均数法、指数平滑法）和最小二乘法（最小折扣平方法）等。

【预测误差】

实际值与预测值之差，反映预测的准确性。预测的实际误差是一个变量，要说明某个预测模型的可靠性，预测方法的适用性，需用预测误差的综合指标，主要有平均绝对误差、均方误差和均方根误差。

平均绝对误差是不计误差的正负，以其绝对值的平均数综合表示误差的一般水平。均方误差是预测误差平方之和的平均数。均方根误差是均方误差的平方根。

影响预测误差的因素很多，有预测模型和预测方法的适用问题，历史资料的可靠性和完整性问题，还可能有计算的差错、判断的失误以及情况发生变化，等等。如发现预测误差很大，预测严重失实，应对预测各个环节逐一审查，力争有所改进，以提高预测的可靠性。

【恩格尔系数】

反映著名的恩格尔定律的重要参数。恩斯特·恩格尔是 19 世纪德国著名的统计学家。恩格尔定律表明，随着家庭和个人收入增加，收入中用于食物方面的支出比例就越来越小。恩格尔系数的计算公式为

恩格尔系数＝食物支出总额/家庭或个人消费支出总额

联合国根据恩格尔系数的大小确定了评价贫富的标准，恩格尔系数在60％以上为绝对贫困；50％～60％为勉强度日；40％～50％为小康水平；30％～40％为富裕水平；30％以下为最富裕水平。

运用恩格尔系数分析评价世界各国或一个国家在不同时期生活贫富程度时，应结合实际情况具体分析，而不能硬性套用外国的或联合国的标准。此外，恩格尔系数受食品的价格影响较大，当其他消费资料价格不变或上涨幅度较小时，恩格尔系数也会增大。

【洛伦茨曲线与基尼系数】

洛伦茨曲线与基尼系数分别是国际上用来衡量社会收入分配不平等程度的图形和分析指标。

洛伦茨曲线图是一个平面坐标图，横坐标 X 表示收入不高于某一水平的人数占总人数的比重，纵坐标 Y 表示相应的收入额占总收入的比重。

基尼系数是指洛伦茨曲线与绝对平等线 OA 围成的弓形面积 S 与三角形 OAB 的面积之比，用 G 表示。

基尼系数等于零，表示收入分配绝对平均；当收入分配不平等程度加大时，基尼系数则逐渐加大。

【统计标准】

对统计工作中重复性事物和概念所做的统一规定。它以统计科学技术和实践经验的综合成果为基础，经有关方面协商一致，由主管机构批准，作为统计工作中共同遵守的准则和规范。它具有统一化、通用化、系列化、组合化的特征。统计工作标准化，是统计信息资源共享的前提，是统计工作现代化的重要基础工作和衡量标准之一。

统计标准是一个完整的体系。从层次上看，统计标准体系由国际

统计标准、国家统计标准、专业统计标准组成。

国际统计标准是由联合国有关统计机构组织制定的统计标准，如国民账户体系（SNA）、社会和人口统计体系（SSDS）等。国际统计标准由联合国向世界各国推荐使用，成为协调各国统计工作，增强统计资料的国际可比性的有效工具。

国家统计标准是由国家统计局与国家技术监督局以及国务院有关部门共同制定的，对全国经济技术发展有重大意义的标准，它不仅是统计活动中的国家标准，也是其他相关经济活动中的国家标准。

专业统计标准由国家统计局制定，对国民经济一个方面的统计工作进行规范的标准。

在上述标准中，国际统计标准只具有参考意义，国家统计标准是我国统计工作中最高一级的规范性技术文件，专业统计标准要与国家统计标准衔接和协调配套，要服从于国家统计标准。按照国家的规定，我国从 1983 年起不再制定部门标准，但在我国统计工作实践中，部门统计标准是一个客观存在。对此，应使之逐步向专业统计标准靠拢。

国家统计标准和专业统计标准具有行政法规的性质，一经颁布实施，在国家统计调查、部门统计调查和地方统计调查中都必须遵守。此外，在统计工作中还必须遵守其他相关的国家标准。

从对象上看，统计标准体系由统计名词术语标准、统计指标标准、统计分类标准、统计编码标准、统计表式标准以及统计数据处理的计算机程序标准等组成。

【统计数据质量管理】

对统计工作的设计、调查、整理、提供等各个环节实行科学化、规范化、制度化的管理，达到提高统计数据的准确性、及时性、系统性、适用性的目的。

统计数据准确性是指它真实可靠，能够如实反映客观实际；及时性是指在党政领导决策之前向他们提供统计信息，同时也及时通过各种新闻媒体向社会公众提供统计信息；系统性是指统计资料要相互衔接配套，能够全面系统地反映社会经济运行状态；适用性是指提供给党政领导、企事业单位和社会公众的统计信息要形式灵活多样，便于使用，能够切合他们的需要。

提高统计数据质量，必须加强对统计工作的设计、调查、整理、提供等各环节的管理。在统计设计环节，要针对统计信息用户的需求，科学地设计统计指标体系，指标与指标之间，子指标体系与总指标体系之间要衔接配套。统计表式要适合被调查者填报和便于运用电子计算机进行加工处理。要从以较小的人、财、物的投入，获得适合需要的统计信息，提高统计工作效益的要求出发，搞好统计设计工作。重大调查项目的设计要经过精心试点和多方征求统计信息用户的意见。在统计调查环节，要建立稳定的调查队伍，健全统计调查网络；要建立能够有效排除各种干扰特别是行政干扰的统计体制，实行严格的法制，提高统计调查工作的组织管理水平。在统计整理环节，要充分发挥现代电子计算机技术和通信技术的作用，按照各种信息需求，准确、迅速地整理出多种不同用途的丰富的统计信息。在统计信息的提供环节，要建立健全严格的管理制度，依靠数据库技术对统计信息进行科学的管理。

提高统计数据质量，关键是要有具有高度政治素质和业务素质的统计人才。统计工作的技术性很强，是知识密集型、技术密集型的工作，需要造就一支宏大的掌握统计学、经济学、计算机技术和多方面业务技能的复合型人才队伍。

【统计调查者的权利和义务】

国家统计机构和统计人员在执行统计调查任务时应有的权利和义务。《统计法》第六条明确规定：统计机构和统计人员依照本法规定独立行使统计调查、统计报告、统计监督的职权，不受侵犯。这一规定，原则上确认了统计机构和统计人员作为统计调查者的法律地位。这里所指的统计机构和统计人员，包括国家统计系统，部门统计系统及企业事业组织的统计机构和统计人员。按照《统计法》及其实施条例的有关规定，统计调查者的主要权利有以下几个方面：（1）要求被调查者按照国家规定提供统计资料。（2）检查与统计资料有关的各种原始记录和凭证，要求改正不确实的统计资料。（3）检举揭发统计调查工作中的违反统计法规和统计调查制度的行为。

统计调查者在行使统计调查权利的同时，还要对被调查者承担一定的义务，即定期公布统计资料；保守国家机密；对私人、家庭的单项调查资料，非经本人同意不得泄露。

【统计被调查者的权利和义务】

国家统计机构和人员在执行统计调查任务时的被调查者应有的权利和义务。统计被调查者所包括的范围非常广泛，按照《统计法》第七条规定，一切国家机关、企业事业单位和其他组织以及个体工商户和个人等都是统计被调查者。按照《统计法》及其实施条例的规定，统计被调查者具有按照统计法规及统计制度的要求按时、准确提供统计资料的义务，不得虚报、瞒报、拒报、迟报，不得伪造、篡改。

同时，被调查者还享有一定的权利：一是拒绝接受非法调查的权利；二是要求统计调查者定期公布统计资料和使用已经公布的统计资料的权利；三是要求统计调查者保守秘密的权利。

【统计违法行为】

根据《统计法》有关规定，凡有下列情况者，均属于统计违法行为：

（1）虚报、瞒报统计资料的行为；

（2）伪造、篡改统计资料的行为；

（3）拒报或者屡次迟报统计资料的行为；

（4）侵犯统计机构、统计人员行使《统计法》规定职权的行为；

（5）未经批准擅自组织实施统计调查的行为；

(6) 未经批准擅自变更统计调查制度内容的行为;

(7) 要求统计调查对象提供不真实的统计资料的行为;

(8) 未按照统计调查制度的规定报送有关资料的行为;

(9) 违反有关规定，造成统计资料毁损、灭失的;

(10) 违反《统计法》规定，未经批准自行编制发布统计资料的行为;

(11) 违反《统计法》规定，未经核定和批准，自行公布统计资料的行为;

(12) 对本地方、本部门、本单位发生的严重统计违法行为失察的;

(13) 对依法履行职责或者拒绝、抵制统计违法行为的统计人员打击报复的;

(14) 包庇、纵容统计违法行为;

(15) 泄露对统计违法行为的举报情况的;

(16) 违反《统计法》有关保密的行为。

凡是统计违法行为，都应依法追究统计法律责任。

【统计职业道德】

统计职业道德内容广泛，涉及方方面面。统计职业道德建设实际上就是公民道德建设在统计领域的具体体现。它是统计人员在行使职权、完成统计工作任务的过程中所应遵守的行为规范，它向统计从业人员表明用什么样的精神和标准去履行统计从业人员的各项职责。

统计职业道德与《统计法》之间的联系十分密切。一是统计职业道德与《统计法》都是社会主义上层建筑的组成部分，都是为社会主义经济基础服务的。二是统计职业道德与《统计法》都是我国统计从业人员在进行统计活动中所必须遵守的行为准则，统计法律规范规定人们在统计活动中可以做什么、不可以做什么等行为的基本模式，统计职业道德规范也同样是人们在统计活动中可以做什么、不可以做什么的尺度，违反这些规范或要求，都要承担一定的后果和责任。三是统计职业道德与《统计法》的基本精神和基本内容是一致的，例如在统计工作中坚持实事求是，保障统计资料准确、及时，保守国家秘密，反对弄虚作假等既是《统计法》的内容，也是统计职业道德的要求。

统计职业道德与《统计法》既有联系，也有差别。一是表现的形式不同，统计职业道德通常存在于人们的意识和社会舆论之中，道德观念、道德原则、道德规范没有严格的界限，统计职业道德规范的要求往往是概括、笼统和比较抽象的，并且大多是不成文的，而《统计法》对统计人员行为模式的规定，一般应是明确、严格、肯定和具体的，统计法律规范一般表现为国家制定的法律、法规、规章等规范性文件；二是实现的强制方式和力量不同，统计职业道德的实现，主要靠社会舆论和教育的力量，依靠统计人员的觉悟及各级统计部门的提倡和维护，而统计法律规范的实现虽然也有社会舆论和教育的力量，并且主要靠广大统计人员自觉遵守，但国家强制力的保证，对违法者给予应有的法律制裁，始终是必要的因素和不可缺少的后盾；三是调整的范围不完全相同，统计职业道德所适用的范围，几乎涉及职业工作中的一切行为，既包括统计法律规范所调整的范围，也包括统计法律规范所调整不到的范围，统计职业道德调整的范围总的来说比《统计法》所调整的范围广泛得多，《统计法》一般仅对人们的行为提出要求，而统计职业道德向人们提出的要求却不仅仅是行为，还有人们的思想、品格和行为的动机，以及合乎社会主义建设的思想品德等。

统计职业道德主要包括五个方面的内容，即实事求是，讲究科学，优质服务，严守秘密，敬业奉献。

实事求是是统计职业道德的灵魂和核心。实事求是是我们党的思想路线，也是统计从业人员职业道德的最基本要求。统计是认识和反映客观实际的重要工具，真实是统计工作的生命，搞准统计数据是统计人员的天职。作为一个统计从业人员，必须以对国家对人民高度负责的精神，把实事求是作为履行职业责任和义务的最基本的道德要求，坚持不唯书，不唯上，只唯实。统计调查要“实事”，尊重客观实际，如实反映情况，坚决抵制各种弄虚作假、以权扰数、以数谋私的不正之风，坚持原则，求真务实，认真把好数字质量关。统计分析要“求是”，以数据和事实为准绳，不人云亦云，盲目跟风；要全面、客观、系统，防止以偏概全；要从数据的分析中找出经济发展的客观规律，提供具有较高质量的统计分析报告，为领导科学决策和管理提供咨询建议。

讲究科学是实践统计职业道德的基本方式和方法。统计是一门技术性很强的工作，并不是简单意义上的数字加加减减。搞准统计数据，除了加强法制建设以外，进一步提高统计的科学性也是一个十分关键的环节。应进一步深化统计方法制度改革，依靠科学的统计调查方法和体系，依靠先进的传输、汇总手段，减少因中间环节多而出现的重漏差错现象，增强统计抗干扰能力，提高统计调查结果的可信度。

优质服务是统计职业道德追求的最终目标。收集资料、提供服务是统计人员的基本职责，是统计工作社会化的重要体现。优质服务是统计工作生命力的延伸，统计工作只有在很好地为各级党政领导和社会服务中才能显示其价值和重要性，否则就会失去存在的意义，就得不到社会的认同和支持，成为无源之水、无本之木。提高统计服务意识，要按照“准确、及时、全面、方便”和“快、精、准”的要求，积极主动，想方设法，着力拓宽统计服务领域，提高统计服务质量，更好地发挥“信息、咨询、监督”的整体功能。

严守秘密是统计职业道德必须遵守的重要准则。保守国家、企业和个人的秘密，既是《统计法》明文规定的，也是对统计人员职业道德的特殊要求。统计人员要养成遵纪守法、严守秘密的良好职业道德。随着市场竞争的加剧，各种利益关系更加错综复杂，统计人员只有进一步提高保密意识，按规定为被调查者保密，才能增强被调查者的安全感，赢得信任，获得配合，才能保障统计调查的顺利实施和统计数据的真实可靠。

敬业奉献是统计职业道德的内在要求。统计是各级领导科学决策的重要依据，而且随着市场经济的发展，对统计人员的职业观念、职业态度、职业技能、职业纪律和职业作风都提出了新的更高的要求。广大统计人员要有高度的责任感和使命感，热爱统计，献身统计，树立崇高的职业荣誉感。要克服任务繁重、条件艰苦、生活清苦等困难，勤勤恳恳，任劳任怨，甘于寂寞，乐于奉献。要适应新形势的变化，刻苦钻研和掌握市场经济条件下新的理论和方法，包括经济学理论、国民核算知识、抽样调查方法、计算机技术、法律知识、管理学理论、社会学理论等，努力开拓创新，提高统计服务水平。

（二）国民经济核算

【国民经济核算】

以一定的理论为指导，综合应用统计、会计和数学方法，对一定范围内的整个国民经济进行系统化、一体化的核算。国民经济核算是随着国家经济管理职能的加强而诞生和发展起来的，它是宏观经济乃至微观经济管理的重要工具，也是进行经济预测、编制经济计划和制定各项经济政策的重要依据。

国民经济核算是从国民收入统计发展而来的。它的发展过程大体可以分为三个阶段。（1）从17世纪英国古典政治经济学的创始人、现代统计学的先驱威廉·配第对英国进行第一次国民收入估算到第一次世界大战结束。这个阶段有两个特点：一是国民收入的核算还只是由个别经济学家或统计学家断断续续地进行；二是概念与方法还没有形成系统的理论。（2）从第一次世界大战结束到第二次世界大战开始。这个阶段也有两个特点：一是估算国民收入的工作受到了政府的重视；二是从提供一国国民收入及其构成的计量，进而从理论和方法上为国民收入核算建立了概念结构。(3)从第二次世界大战开始至今。这个阶段的特点是：国民收入核算有了很大发展，世界上估算国民收入的国家成倍增加，引起了国际机构的重视，而且由原来的国民收入核算逐步形成为国民经济核算体系。

【两种核算体系（MPS与SNA）】

物质产品平衡表体系（简称MPS）和国民账户体系（简称SNA），这两种核算体系是在不同的社会经济制度下和不同的历史条件下发展起来的。

MPS又叫东方核算体系，它产生于苏联，主要被苏联和东欧国家所采用。MPS的理论基础是马克思的再生产理论，这种理论认为只有创造物质产品和增加产品价值的活动，才是生产劳动；只有从事生产劳动的部门属于物质生产部门，如工业、农业、建筑业、运输业、商业部门。其余的属于非生产劳动和非物质生产部门，如教育、科研、文化、卫生、机关等部门。非物质生产部门的收入是在国民收入的再分配中形成的。

SNA又叫西方核算体系，它是在许多西方国家长期以来开展国民收入统计的基础上产生的。主要被美、英、法、西德、加拿大、意大利、日本、澳大利亚等国家所采用。SNA的理论基础是西方经济学。按照这种理论，劳动、资本、土地三要素共同创造社会产品和国民收入；劳动创造工资，资本创造利润，土地创造地租；不区分物质生产与非物质生产，一切产品的生产和劳务都创造收入。

【社会总产值】

也称社会总产品，是指一定时期内由物质生产部门所生产的物质产品和物质生产性服务价值的总和。

社会总产品的使用价值与价值构成。(1)社会总产品从使用价值看，区分为物质产品与物质生产性服务。其中物质产品包括生产资料与消费品。(2)社会总产品从价值构成看，是由生产资料转移价值

（物质生产性消耗）和新创造的价值或净产值组成的，即社会总产品＝物质生产性消耗＋净产值。用符号表示为

$$社会总产品=C+(V+M)$$

式中，C 代表物质生产消耗生产资料转移价值；V 代表物质生产劳动者的原始收入；M 代表物质生产劳动者生产的剩余价值；$(V+M)$ 为新创造的价值或净产值。

社会总产品表现的是物质生产领域生产活动的最终有效成果，根据确定最终产品的范围不同，社会总产品可以采用工厂法、部门法和国民经济法等方法计算。

【社会最终产值】

亦称社会最终产品。它是指在一定时间内，在国民经济范围内不再进一步加工，可供社会最终支配和使用的全部物质产品价值的总和。

社会最终产值实质上是按国民经济法计算的社会总产值。即社会最终产值是从按工厂法计算的社会总产值中，扣除企业之间和部门之间相互提供的、用于生产消耗的中间产品价值。因此，社会最终产值中排除了企业之间和部门之间的价值重复计算，但它包含固定资产折旧，即社会总产值＝国民收入＋折旧。用符号表示为

$$社会最终产值=V+M+C_1$$

式中，V 代表物质生产劳动者的原始收入；M 代表物质生产劳动者生产的剩余价值；$V+M$ 为国民收入或净产值；C_1 代表折旧。

【国民生产总值（GNP）】

核算期内国内生产总值与来自国外的劳动者报酬净额和来自国外的财产收入净额的总和。来自国外的劳动者报酬净额是指常住居民从非常住单位获得的劳动者报酬与非常住居民从常住单位获得的劳动者报酬相抵后的差额。即

$$来自国外的劳动者报酬净额=非常住单位支付给我常住劳动者报酬-我常住单位支付给非常住劳动者报酬$$

来自国外的财产收入净额是指常住单位从非常住单位获得的财产收入与非常住单位从常住单位获得的财产收入相抵后的差额。即

来自国外的财产收入净额＝非常住单位支付给我常住单位的财产收入－我常住单位支付给非常住单位的财产收入

根据上述定义，可知国民生产总值的计算方法为

国民生产总值＝国内生产总值＋来自国外的劳动者报酬净额＋来自国外的财产收入净额

【个人可支配收入（DI）】

个人实际可以作为消费和储蓄的总收入。个人可支配收入是个人收入中扣除个人向政府交纳的各种税金后的余额，用公式表示为

个人可支配收入＝个人收入－个人向政府交纳的各种税金

【SNA的分类】

SNA的分类有两种：一种是按经济活动性质进行分类；另一种是按机构的法定形式进行分类。

按经济活动性质分类，就是从生产的角度对交易者进行分类，涉及的是生产单位，即做出生产决策的单位，它们在经济活动的性质上、成本结构上和生产技术上是同质的。这种分类主要适用于国民收入和产值及投入产出表的核算，用于生产、消费支出和资本形成等账户中。它们一般分为产业部门、政府服务生产者、为居民户的私人非营利服务生产者和居民户等。

按机构的法定形式分类，与金融流量有关，涉及的是做出财务决策的单位，是从资金运动的角度对交易者分类，表明它们如何接受和处理它们的收入以及如何从事于各种金融交易。这种分类有利于对资金分析，适用于资金流量表和国民资产负债与国民财富表的核算，用于收入和支出账户及资本筹集账户。它们一般分为法人与准法人非金融企业、金融机构、一般政府机构、为居民户的私人非营利机构及居民户等。

【中间投入与最初投入】

中间投入是指企业在进行生产经营活动中所投入（消耗）的各种物质产品和服务，包括直接投入和间接投入。直接投入是指企业在进行生产经营活动时直接消耗的原材料、燃料、动力等外购物资；间接投入是指企业在进行生产经营活动时间接消耗的各种物资和服务，例如办公用品、照明用电、职工教育、科学观察等。

最初投入是指企业内部所发生的投入，包括劳动和其他生产要素的投入，与部门间联系无关。例如，一个企业在一定时期内进行生产经营活动，首先必须招收一定的职工，支付一定的报酬；其次要占用一定的厂房、设备，提取一定的折旧；再次要外购一定的原料、材料、燃料、动力及劳务等，并在生产过程中消耗，形成一定的生产费用。其中前两项是最初投入，后一项称为中间投入。

中间投入从宏观来看，是指全社会在一定时期内生产的，并已被用于其他产品的生产，构成其他产品的生产费用的产品。到一定时期为止，中间投入在实物形态上已不复存在，只是构成最终产品的物质实体，其价值则依次成为下一环节其他产品的生产费用并体现在最终产品中。

【中间产品和最终产品】

中间产品（参见“中间投入”）是指需要经过进一步加工才能供个人和社会最终使用的产品；最终产品是不需要进一步加工，可供个人和社会使用的产品。中间产品与最终产品的区分是相对的。对于一个具体的企业来说，凡是在企业内部已完成生产过程并已经出售或准备出售的产品，都是其最终产品。但是，企业的最终产品，对整个国民经济来说，可能是最终产品，也可能是中间产品。

对整个国民经济来说，最终产品是指全社会在一定时期内生产并在同一时期不再进一步加工就可以进入最终使用的产品；中间产品是全社会在一定时期内需要进一步加工才能供社会最终使用的产品，也就是说中间产品是构成最终产品生产费用的产品。国民经济核算中的中间产品与最终产品的区分，是从整个国民经济的角度来讲的。

【国内生产总值（GDP）】

国内生产总值是以价值形式表现的一国（或地区）所有常住单位在核算期内生产活动的全部最终产品与服务价值的总和。国内生产总值从生产角度来看，是各产业部门增加值的总和；从收入的角度来看，是各收入项目如劳动者报酬、利润、利息、税金、固定资产折旧等价值的总和；从支出的角度看，是总消费、总投资与净出口价值的总和。

与此相对应，国内生产总值的计算方法有三种：

（1）生产法。亦称部门法、投入法，是从生产角度计算国内生产总值的方法。它是把所有产业部门常住单位核算期内的增加值加总起来，求得国内生产总值。计算各部门的增加值分三个步骤进行。第一步，计算各产业部门的总产出。第二步，计算各产业部门的中间消耗，即各部门生产单位在生产中所消耗的购自其他生产单位的货物和服务。第三步，从总产出中减去中间消耗，得出各产业部门的增加值。

（2）收入法。也称分配法。是从收入角度计算国内生产总值的方法。它是将常住单位核算期内国民收入的各个分配项目（工资、利润、利息）分别加以综合计算得到国内生产总值。具体计算是把各种要素收入相加再加上固定资产折旧和间接税净额求得国内生产总值。

（3）支出法。是从使用角度计算国内生产总值的方法。它是把核算期内产品和劳务按使用方向分别加以计算，求得国内生产总值。一般说来产品与劳务的使用方向有四种：个人消费支出、政府消费支出、国内总投资、国外净投资。

【工业增加值及其计算方法】

工业增加值亦称工业附加值，是在一定时期内工业生产活动附加在劳动对象上的价值。

工业增加值是计算国民生产总值的基础指标，各部门增加值的总和即为国民生产总值。国民生产总值反映一个国家所有部门在一定时期提供的社会最终产品和劳务的价值，可以全面反映国民经济和社会发展的规模和水平。为了有利于纠正片面追求产值、忽视经济效益的现象，克服工业总产值指标存在的重复计算和不能反映产销衔接的缺陷，我国从 1992 年 4 月起，建立了工业增加值和工业销售产值等指标，按月统计，作为评价考核工业生产规模、速度和效益的主要依据。

工业增加值的计算一般有两种方法，即生产法（投入法）和分配法（收入法）。

（1）生产法（投入法）。其基本公式为

工业增加值＝工业总产值－工业生产中投入的中间产品价值－对非物质生产部门的支出＋应交增值税

工业生产中投入的中间产品价值是指工业生产中消耗的外购的原材料、燃料、动力，外购的半成品、备品配件，以及使用的外来生产性劳务等。

对非物质生产部门的支出是指在工业生产和经营管理中对除五大物质生产部门（如工业、农业、批发零售贸易业、建筑业、运输邮电业）以外的其他部门支付的各种服务费用，如文教、卫生、金融、保险、环保、公用事业等部门的服务费用，包括广告费、保险费、养路费、绿化费、差旅费、职工教育经费、城市清洁卫生费、会议费、招待费、上级管理费等。

应交增值税是指企业在报告期内按税法规定，从事货物销售或提供加工、修理修配劳务等增加货物价值的活动所应交纳的增值税额。该指标数据根据工业企业会计“应交增值税”明细科目填列。

（2）分配法（收入法）。是将各项收入相加计算。主要包括：①劳动者收入，按劳动工资报表中职工工资计算。为消除职工工资与利润、福利基金项目之间的重复计算，应将由职工福利基金开支的工资以及由企业基金、利润留成和营业外支出开支的工资扣除。②职工福利基金。指根据国家规定按工资总额的一定比例提取并计入成本的部分。不包括由企业留利中提取的部分。③利润。指企业缴纳所得税以前的利润定额，即产品销售利润和其他销售利润。④税金。指企业应缴纳的产品销售税金和本年应交增值税，而不是应缴纳的全部税金，即企业留利后缴纳的所得税、调节税、奖金税不包括在内。⑤其他。包括个人其他收入和支付给其他居民个人的支出。包括为企业工作的居民的劳动报酬、职工探亲假费、出差补贴、误餐补贴、保健津贴以及支付给非物质生产部门的以外的支出，如工会经费、民兵活动经费和文体宣传费等。⑥固定资产折旧费和提取的大修理基金。

【建筑业增加值及其计算方法】

建筑业增加值是指建筑施工单位在一定时期内由本单位所创造的价值，包括固定资产折旧价值。其数额接近从生产的产品和提供劳动服务总值中扣去外单位所创造的原材料、燃料和劳务价值后，再加上固定资产折旧的价值和本年应交增值税。

建筑业增加值是计算国民生产总值的基础，建筑业增加值纯属本行业向国民经济提供的产品价值，因其价值已扣除了外单位外部门创造的价值，可以更加准确地反映建筑业的贡献和发展。建筑业增加值是衡量建筑业成就，分析企业经营情况，进行国际对比的重要标志。

建筑业增加值的统计范围与总产值、净产值是一致的，也就是只计算施工部分增加值，附属预制构件厂增加值和附属勘察机构增加值。

（1）生产法（投入法）。即从建筑业在一定时期为社会创造的物质产品和劳务活动价值中扣除中间消耗的余额。其计算公式为

建筑业增加值＝建筑业总产出－中间消耗＋应交增值税

其中

建筑业总产出＝工程价款收入±未完施工期初期末差额＋产品销售收入＋材料销售差价收入＋作业销售收入＋特种基金收入

中间消耗是指企业从外部购入的产品和劳务，并且是一次消耗的

价值。

(2) 分配法（收入法）。即将构成增加值的各项要素相加而求得。其计算公式为

建筑业增加值＝利润＋税金＋工资＋职工福利基金＋固定资产折旧＋支付给个人的费用＋支付给本企业的费用＋大修理基金

【科学研究业增加值及其计算方法】

(1) 生产法（投入法）。

科学研究业增加值＝科学研究业总产出－中间投入＋应交增值税

其中，由于科学研究业总产出不易直接得到，故而用其总收入代替其总产出。即科学研究业单位从事科研生产活动所获得的科研经费、事业费、产品销售收入、技术咨询服务收入等所有收入之和等于科学研究业单位的总产出。中间投入是指科学研究业单位在从事科研生产活动中所消耗的物质产品和劳务的价值。

(2) 分配法（收入法）。

科学研究业增加值＝劳动者报酬＋生产税净额＋营业盈余＋固定资产折旧

对于实提折旧的科学研究业单位，按照其实际提取的固定资产折旧数计算科研单位增加值；对于不提折旧的科学研究业单位，需计算虚拟折旧，虚拟折旧率按4％计算，即

虚拟固定资产折旧＝固定资产原值×虚拟折旧率

【信息传输、计算机服务和软件业增加值及其计算方法】

信息传输、计算机服务和软件业的总产出、中间投入和增加值的计算方法基本上与社会服务业相同。参见“社会服务业增加值及其计算方法”。

【运输业增加值及其计算方法】

运输业增加值是指在一定时期内，运输企业通过生产经营活动和

劳务活动所带来的增值价值的货币表现，是运输业创造的国民生产总值。通过计算运输业增加值可以全面反映运输业发展的成果、规模、结构和水平，是研究运输业综合平衡的重要指标。计算运输业增加值一般采用两种方法：

（1）生产法（投入法）。从生产的角度出发用运输业总产值（营运收入）减去为进行运输生产及与运输生产有关活动而支付的中间物质消耗和中间劳务消耗后求得运输增加值。用公式表示为

运输业增加值＝运输业总产值(营运收入)－中间消耗＋应交增值税

中间消耗包括中间产品消耗和中间劳务消耗。中间产品消耗具体是指企业在生产经营过程中消耗掉的外购物质产品，主要包括材料、燃料、润料、动力、低值易耗品等。中间劳务消耗具体是指在生产经营过程中向本企业以外的经济实体或个人购买劳务的支付，其中包括对物质生产部门支付的劳务消耗，如电讯费、差旅费等和对非物质生产部门支付的劳务消耗，如管理费、利息、保险费等。

（2）分配法（收入法）。从生产要素所有者获得收入的角度，把提供运输劳务过程中所发生的工资、利润、税金和固定资产折旧等要素项目相加，求得运输业增加值。公式表示为

运输业增加值＝工资＋利润＋税金＋职工福利基金＋
利息＋固定资产折旧＋其他

【批发零售贸易业、餐饮业、仓储业增加值及其计算方法】

1. 生产法（投入法）

批发零售贸易业、餐饮业、仓储业增加值＝总产出－
中间投入＋应交增值税

其中，批发零售贸易业总产出是指商业活动对商品的价值附加，按其商品销售毛利计算，为了宏观上避免重复计算，要从毛利中扣除外购的运输费。餐饮业总产出是加工食品所完成的总产出与转售商品所完成的总产出的总和。对加工食品活动，其总产出的计算方法同工

业总产值；对转售商品活动，其总产出计算方法同批零贸易业总产出。餐饮业的活动更多是具有工业生产的性质，因此，餐饮业总产出是餐饮业营业收入，而不是毛利。仓储业总产出：目前，我国的仓储业有两种形式：一种是为国家代储物资，另一种是国家储备。前者的总产出是代储而收取的储存费用，后者以在储存过程中发生的支出费用，即储存活动经费中的经常性支出作为总产出。仓储业总产出不包括被储存货物的自身价值。

批发零售贸易业、餐饮业、仓储业中间投入是指在生产活动中消耗的物质产品和服务。即：商品损耗、库存物资损耗、低值易耗品摊销、仓储费和包装费、印刷费、书报文具、水电费、运输邮电费、金融及保险费、广告费、商品检验费、咨询费、技术研究费等。餐饮业中间投入还包括营业成本中外购的粮油、肉禽蛋、干鲜菜等。

2. 分配法（收入法）

批发零售贸易业、餐饮业、仓储业增加值＝劳动者报酬＋生产税净额＋营业盈余＋固定资产折旧

【金融、保险业增加值及其计算方法】

金融业是指通过吸纳存款和提供贷款而进行融资活动的行业，有中国人民银行及各种专业银行，也包括一些非专业金融机构办的金融企业。保险业是指通过从投保单位或个人筹集资金，最终回流到投保单位或个人，并利用筹集的资金进行投资，获得一定的收入和产生资本收益。

1. 生产法（投入法）

金融保险业增加值＝金融保险业总产出－金融保险业中间投入＋应交增值税

金融业总产出＝各项利息收入＋手续费收入＋信托业务收入＋融资租赁业务收入＋外汇业务收入＋投资分红收入及其他各种业务收入－各项利息支出

保险业总产出=保费收入+追偿款收入+手续费收入+
利息(投资分红)收入+转回未到期责任准备金+
分保损益及其他收入-退保及赔款支出-
提存未到期责任准备金

金融保险业的中间投入是指在核算期内消耗的货物和服务。包括外购的燃料、动力、材料、水电费、邮电费、印刷费、图书资料费、报刊费、装卸费、低值易耗品摊销、劳动保护费、警卫消防费、运输费、办公费以及对非物质生产部门支付的租赁费、广告费、律师诉讼费等。

2. 分配法（收入法）

金融保险业增加值(分配法)=劳动者报酬+生产税净额+
营业盈余+固定资产折旧

【邮电通信业增加值及其计算方法】

邮电通信业包括邮电通信企业和邮政企业，是通过电信和邮件的传递而为生产和生活服务的产业部门。

1. 生产法（投入法）

邮电通信业增加值=邮电通信业总产出-
邮电通信业中间投入+应交增值税

其中，邮电通信业总产出是指邮电通信企业核算期内全部生产活动的成果，是邮电通信企业的全部营业收入。包括：函件汇总收入、包件收入、机要通信收入、报刊发行收入、储蓄收入、电报收入、电话收入等。邮电通信业中间投入是指邮电通信活动中投入的全部物质产品和服务。包括：外购动力、燃料、通信导航器材、业务用品、低值易耗品和支付的服务费用等。

2. 分配法（收入法）

邮电通信业增加值(分配法)=劳动者报酬+生产税净额+
营业盈余+固定资产折旧

【文教卫生企业增加值及其计算方法】

文教卫生企业是指文化、教育和卫生部门所属的企业化管理的单位。有出版社、生物制品、电影制片厂等。

1. 生产法（投入法）

文教卫生企业增加值＝总产出－中间投入＋应交增值税

式中，总产出是指产品的销售收入；中间投入是指生产活动中消耗的货物和服务，包括外购燃料、动力、材料等物质性消耗和对非物质生产部门支付的广告费、保险费等。

2. 分配法（收入法）

文教卫生企业增加值(分配法)＝劳动者报酬＋生产税净额＋营业盈余＋固定资产折旧

【社会服务业增加值及其计算方法】

社会服务业是指直接从事为居民生活服务的行业，如日用修理、浴池业、理发业、旅店、洗染、摄影、美容化妆等。按照国家统计局的划分，社会服务业包括：公共设施服务业、居民服务业、旅馆业、租赁服务业、旅游业、娱乐服务业、信息咨询服务业、计算机应用服务业和其他社会服务业。

1. 生产法（投入法）

社会服务业增加值＝总产出－中间投入＋应交增值税

式中，总产出是指从事各种服务活动所得到的营业收入；中间投入是指在生产活动中所消耗的物质产品和劳务，包括外购动力、燃料、材料、低值易耗品摊销以及对非物质生产部门支付的邮电费、印刷费和广告费等。

2. 分配法（收入法）

社会服务业增加值(分配法)＝劳动者报酬＋生产税净额＋营业盈余＋固定资产折旧

【事业单位增加值及其计算方法】

事业单位具体包括：地质勘察业、水利管理业、综合技术服务业、教育事业、文化艺术事业、广播电影电视事业、卫生事业、体育事业、社会福利事业、国家机关和政党机关及社会团体、部队。这些行业大多数没有营业收入，或虽有经营收入，但收不抵支，需要国家财政拨入经费。从财政核算形式来分，这些单位分为全额预算单位、差额预算单位和自收自支单位。

（1）对于全额预算管理单位、差额预算管理单位、不属于预算管理单位以及业务（事业）收入小于（等于）业务（事业）支出的单独核算单位，总产出、增加值的计算方法基本相同。

①生产法（投入法）。

增加值＝总产出－中间投入＋应交增值税

其中

总产出＝经费支出＋业务(事业)支出＋预算外支出＋专项资金支出－离退休人员费用－人民助学金－设备购置费－基本建设支出－大型修缮支出－差额补助费＋税金支出＋固定资产虚拟折旧

中间投入＝总产出＋应交增值税－增加值

②分配法（收入法）。

增加值(分配法)＝劳动者报酬＋生产税净额＋营业盈余＋固定资产折旧

其中

劳动者报酬＝工资和补助工资＋职工福利费＋主要副食品价格补贴＋四项支出中的其他项支付给劳动者个人的部分

四项支出中其他项支付给劳动者个人的部分是指四项支出［即经费支出、业务（事业）支出、预算外支出和专项资金支出］中除工资和补助工资，职工福利费和主要副食品价格补贴外以各种形式发给劳动者个人的部分（不包括离退休人员费用和人民助学金），如会议费，差旅费中的个人补贴，出国人员制装费，国外生活补贴，单位以实物形式发给个人的奖励与补贴（免费提供的实物按全价计算，低价提供的部分只计算市场价格与低价的差额），单位为职工支付的待业、退休、养老、人身、医疗以及家庭财产保险等。

生产税＝税金支出＋税金

式中，税金支出为本年支出合计中的税金支出；税金指四项支出构成中的税金。

营业盈余：从理论上看，从支出角度计算总产出的单位，不应计算营业盈余，故此项为零。

固定资产折旧＝当年提取的折旧＋虚拟折旧

（2）对于自收自支单位以及业务（事业）收入大于业务（事业）支出的单独核算单位，总产出、增加值的计算方法基本相同。

①生产法（投入法）。

增加值＝总产出－中间投入＋应交增值税

其中

总产出＝业务(事业)收入,中间投入＝总产出＋应交增值税－增加值

②分配法（收入法）。

增加值(分配法)＝劳动者报酬＋生产税净额＋营业盈余＋固定资产折旧

其中

劳动者报酬＝工资和补助工资＋职工福利费＋主要副食品价格补贴＋四项支出构成中的其他支出支付给劳动者个人的部分

生产税净额＝税金支出＋税金

营业盈余＝业务(事业)收入－业务(事业)支出－虚拟折旧

固定资产折旧＝当年提取的折旧＋虚拟折旧

虚拟折旧＝(年末固定资产原值－当年已提取折旧的固定资产原值)×虚拟折旧率

虚拟折旧率按4％计算。

【经济发展速度】

一定时期内社会物质生产和劳务发展变化的速率。在西方国家，经济发展速度通常以不变价格计算的报告期国民生产总值同基期相比而得到的比率来表示。在我国，经济发展速度是以不变价格计算的报告期同基期的社会总产值或国民收入相比较得出的比率来表示。社会总产值包括工业、农业、建筑业、运输业、商业、服务业等部门的产品和劳务。由于国民经济中工农业是最重要的经济部门，所以，工农业总产值也常用来作为计算经济发展速度的指标。国民收入是社会总产值扣除物质消耗后的净产值。以其计算经济发展速度能较好地反映经济活动的效果。经济发展速度是一个综合性指标，作为计划指标使用能简明地表示一定时期国民经济发展的目标。作为统计指标，则便于从宏观上研究一国社会再生产状况和国民经济发展过程中的成就、问题、现状和趋势，以及与其他国家的对比研究。

【经济发展水平】

一定时期，一个国家或地区国民经济活动的规模、程度或水平。通常用一系列指标的绝对数来表示。反映经济发展水平的指标有总量指标、结构指标和效益指标。总量指标包括国民总产值、社会总产值、国民收入、人均国民总产值、人均国民收入等。结构指标有第一、第二、第三产业的产值结构和就业结构、工业部门结构、农业行业结构等。效益指标有全社会劳动生产率、工业全员劳动生产率、每单位国民总产值、国民收入的物耗能耗、每单位工业产值的物耗能耗等。

总量指标一般反映国民经济活动的总规模和国民经济的实力，其中人均指标又能反映按人口状况估价的经济实力。结构指标反映国民经济内部构造情况，同世界经济发展一般进程比较，便可判断一国经济发展所处的历史阶段。效益指标反映国民经济活动的效率和效益，通过这些指标能看出国民经济活动中的科技运用状况、组织结构和管理水平。

经济发展水平是一个综合概念，需要一整套指标去衡量和判断。在资料欠缺的情况下，也可用一两个指标做出大致估计，如人均国民总产值、人均国民收入、工业化率（工业产值或就业占国民总产值或总就业量的百分比）等。

【产品结构】

社会产品各组成部分所占的比重和相互关系的总和。它在一定程度上反映社会生产力发展水平、资源的利用状况以及满足社会需要的程度。产品结构可按不同标志分类，从而形成不同类型和不同层次的产品结构。(1) 按产品的生产部门可分为工业品、农产品、建筑业产品等，形成产品的部门结构。(2) 按产品用途可分为生产资料和消费资料，形成产品的用途结构。(3) 按产品在社会再生产过程中所处的加工阶段，可分为初级产品、中间产品和最终产品，形成社会产品的再生产序列结构。(4) 按产品的生产费用构成可分为劳动密集型产品、资金密集型产品和技术密集型产品，形成社会产品的消耗结构，等等。

每大类产品中又可按更细的标志划分，形成多层结构。不同类型和不同层次的产品结构，形成产品结构体系。制约产品结构变动的主要因素是生产力状况和科技水平。除此之外，生产关系性质、资源禀赋、风俗习惯对产品结构亦有较大影响。

【经济指标】

反映一定社会经济现象数量方面的各种名称和数值。是经济研究、分析和统计以及各种经济工作所通用的工具。经济指标按其反映的经济现象可进行以下分类：(1) 按指标反映经济现象的范围，可分为单项指标和综合指标。(2) 按指标反映计划目标和实际情况，可分为计划指标和统计指标。(3) 按指标的计量单位属性，可分为实物指标和价值指标。(4) 按指标反映经济现象的内容，可分为数量指标和质量指标。(5) 按指标的职能，可分为合并指标和考核指标，等等。

随着人类经济活动范围的扩大，经济联系的复杂化，新的经济指标不断涌现，而且经济指标的计算范围、方法、口径、计量单位不断向标准化、通用化发展。

【产业分类】

对产业结构进行分类的方法，即国民经济部门分类。产业分类一般有如下几种：（1）按产品在社会再生产中的使用方向（用途），可以把社会生产分为两大部类：生产生产资料的属第一部类，生产消费资料的属第二部类。（2）把物质资料生产的基本部分划分为农业、轻工业和重工业三大部门。从这三大部门构成来研究和确定产业结构，对于实现国民经济的协调发展有着重要作用。（3）把国民经济各部门划分为第一产业、第二产业和第三产业，这是外国经济学家为考察产业结构而采取的产业分类，我国理论界也采用了这种分法。（4）依据生产要素的配合比例上的差别，还可以把不同的部门、行业、企业，按劳动密集型、资金密集型或技术密集型来加以分类。

【三次产业】

第一、第二、第三产业的总称。它是SNA对产业部门所做的分类。凡是产品直接取自自然界的部门称为第一产业，包括农业、林业；凡是对初级产品进行再加工的部门称为第二产业，包括工业、建筑业；凡是为生产和消费提供各种服务的部门称为第三产业，包括运输业、邮电业、商业、住宅公用事业和生活服务业、科学、教育、文化和艺术、卫生保健、社会保障、体育和旅游、财政、信贷、社会保险以及管理。由此可见，SNA三次产业的分类不是以产业部门是否具有生产性，而是以其特殊的国民经济职能作为划分的依据。

为了正确反映我国第一、第二、第三产业发展的规模、结构与比例关系，适应国家经济信息自动化、系统化、标准化建设以及国际间对比的需要，我国在参照国际上一些国家情况的基础上，结合我国国情，也进行了第一、第二、第三产业的划分。我国的第一产业指广义的农业（即种植业、林业、畜牧业、渔业等）；第二产业指工业、建筑业，包括采掘业、制造业、自来水、电力、蒸汽、热水、煤气等；第三产业指服务业，它分为四个层次：第一层次包括交通运输业、邮电通信业、商业、饮食业、仓储业；第二层次包括金融保险业、综合技术和生产服务业、物供、公用事业、房地产业；第三层次包括卫生体育、社会福利事业、教育、文艺、广播电视事业、科学研究事业；第四层次包括国家党政机关、社会团体及其他。

【技术经济指标】

用来表明设备、原材料、燃料、动力等利用程度，以及反映生产技术水平和经济效果的各项指标的总称。每个工业部门和企业，都有一套与其技术设备、工艺过程、所用原材料和产品特点相适应的技术经济指标。例如：物资利用效果的指标（常用每单位物资提供的总产值或净产值）；反映能源利用效果的指标（常用每吨标准能源提供的总产值或净产值）；反映活劳动效果的指标（常用劳动生产率指标，即每人每年或每人每月提供的总产值或增加值）等。机械工业的主要技术经济指标有：单件产品合格率、成品装配一次合格率、铸锻件和机械加工件合格率、废品率等；钢材利用率、机床利用率等。设置技术经济指标，可以评价部门和企业生产经济活动，分析和检验物质资料在生产中的消耗和占用、劳动和资金的消耗和占用，以及由于它们的消耗和占用所带来的经济效益。

（三）工业统计

【工业】

从自然界取得物质资源和对原材料进行一系列加工的物质生产部门。工业是社会分工发展的产物。从古至今，工业的发展经历了手工业、机器大工业、现代工业几个阶段。工业按劳动对象的不同，可分为采掘工业和加工工业；按技术水平和组织形式的不同，可分为传统工业和现代工业；按其产品的用途不同，可分为生产资料工业和消费品工业，等等。工业在国民经济中起着主导作用，不仅决定着国民经济现代化的速度、规模和水平，而且还是国家经济自主、政治独立、国防现代化的根本保证。

【工业部门】

专门生产同类产品的工业企业的总和。工业部门的形成是社会分工发展的结果。第一批工业部门是从农业中分离出来的，例如纺织、酿造等工业。随着生产力和社会分工的发展，工业生产不断专业化，使原有工业部门进一步分离，形成一些新的工业部门。另外，由于科学技术的进步，不断有新技术、新材料、新产品和新工艺产生，在社会需要的催化下，衍生出新的工业部门。划分工业部门的主要依据是：（1）产品的主要经济用途相同。（2）使用的主要原材料相同。（3）工艺过程的性质相同。为了便于工业部门的计划和组织管理，我国把工业部门分为三个层次，即工业部门粗分类、工业部门、工业部门细分类。粗分类是把所有工业部门归为冶金工业、能源工业、机械工业、纺织工业、食品工业等大部门。每个工业大部门下有若干个工业部门，如机械工业分为农业机械制造工业、工业设备制造工业、电子工业等。在每个工业部门下又可细分为若干类。有时，人们也使用一些特殊的分类，如为考察两大部类的比例关系，把工业分成重工业和轻工业；为确定上游产业和下游产业的关系，把工业分为采掘工业（或原材料工业）和加工工业等。

【工业企业】

从事工业生产和劳务活动，实行经济核算、自负盈亏，具有法人资格的经济实体。现代工业企业的特点是：（1）系统应用科学技术知识，大规模采用机器进行生产。（2）生产过程分工细致，协作关系密切复杂。（3）生产过程具有高度的连续性和比例性。（4）企业之间、企业同其他社会组织之间有着广泛而紧密的联系。工业企业有多种类型，按企业所生产产品的经济用途，可分为重工业企业和轻工业企业；

按企业规模，可分为大型工业企业、中型工业企业和小型工业企业；按生产过程的技术特征，可分为劳动密集型企业、资金密集型企业和知识密集型企业；按企业组织形式，可分为单个企业、合作企业、合资企业和联合企业等。工业企业是工业生产的基层组织，是国民经济的细胞。企业的数量、规模、素质、结构，决定着工业及国民经济的发展速度。企业经营状况、运行效率决定着社会再生产能否顺利进行，财政收入能否增加，国民经济效益能否提高，也决定着劳动者收入水平的高低。

【企业规模】

表明各种经济资源在企业中集中的程度。一般可分为大型企业、中型企业和小型企业。衡量或划分企业规模的主要标志是：职工人数、生产能力、固定资产价值等。一般以手工劳动为主，机械化水平较低的行业，按职工人数划分；对机械化水平较高的行业，一般按年综合生产能力划分；对于不宜用职工人数和生产能力划分的行业，则可按固定资产原值划分。企业规模是一个具有较强的经济技术内涵的概念。从事不同生产经营活动的企业，其规模的大小有客观界限，并非总是越大越好，也不是“小的总是美好的”。任何企业达不到或超过合理的规模界限，都会产生规模不经济。因此，从技术经济上确定合理的企业规模是保证企业有较好经营效益的最重要条件。对于一个国家而言，确定合理的企业规模结构则是经济结构、产业结构合理化的重要内容。

【法人】

依照法律取得民事主体资格的组织。法律赋予某个组织独立参与民事活动的人格时，表明国家对这个组织在社会上的合法地位及其活动的有益性的确认。取得法人资格应具备下列条件：（1）有一定的组织机构和场所，有自己的名称，有明确的活动宗旨和工作任务。（2）有独立的财产，即拥有依法归自己所有或管理的财产。（3）能够独立进行民事活动，享受民事权利和承担民事义务。（4）依法登记成立。

依照法律或法人组织章程规定，代表法人行使职权的负责人是法人的法定代表人，简称法人代表。法人在核准登记或者法律规定的业务范围内从事经济活动，并接受国家的管理和监督。法人终止，应依法进行清算。

我国目前大体有以下几类法人：（1）有独立预算的国家机关、事业单位。（2）实行独立核算的全民所有制和集体所有制经济组织。（3）各种社会团体。（4）其他依法取得法人资格的组织。

【批量生产】

企业按预先确定的一次出产或一次投入装配的产品数量，组织生产的一种方式。组织批量生产的前提是确定合理批量。确定批量主要依据企业产品生产特点和技术装备状况，同时考虑职工数量和流动资金方面的情况。一般来说，批量越小，批次越多，生产周期越短，占用的流动资金和生产面积越少，但是，设备调整次数越多，设备利用率偏低。批量较大，可以减少批次，从而减少设备调整次数，提高设备利用率和劳动生产率，但会增加在制品的数量，延长产品生产周期，因而占用较多的流动资金和生产面积。在批量合理的情况下组织生产，能够提高机器设备利用率和劳动生产率，减少生产成本，提高经济效益。

【工业产品】

工业企业进行工业生产活动的直接有效成果。工业产品有以下 4 个特点：（1）工业产品是本企业生产活动的成果。企业购自厂外未经本企业任何加工而又转售出去的原材料、燃料、动力、机器设备零部件、备品配件和其他物资等，不能作为本企业的工业产品。（2）工业产品是本企业工业生产活动的成果。即是采掘天然资源、对农产品和工业产品进行加工和再加工以及对工业品的修理等工业生产活动的成果。本企业的非工业生产活动的成果，如附属农场的农畜产品，基本建设部门的建筑物，厂外运输部门的货物运输量等不能算作工业产品。

(3) 工业产品必须是符合质量标准规定的合格品，废品不是工业产品。在一些次要参数上没有达到规定的质量标准，但仍可在原定用途上使用并可以销售的次品或等外品，可作为工业产品，但应单独另行统计。(4) 工业产品必须符合本企业工业生产活动的直接目的。工业生产过程中产生的废料、残渣，如钢铁厂的铁渣，机械厂的铁屑、边角余料，木材厂的板皮、刨花、锯末等，虽可出售，或综合利用生产其他产品，但它们不是企业生产的直接目的，不能算作工业产品。企业利用废料、残渣生产新的产品，如用炼铁渣制成矿渣水泥，用刨花制成刨花板等，应算作工业产品。有的企业在生产主要产品的同时，还生产出一些联产品，如炼焦厂生产焦炭时，同时生产出来的煤气，榨油厂榨油时，同时生产出来的油饼等。这些联产品具有独立的经济价值，是生产的直接目的，应作为工业产品。

上述工业产品的 4 个特点，是从工业企业的角度来说的，是工业企业统计工业产品时必须同时具备的 4 个条件，只要有一个条件不符合，就不能算作工业产品。

【实物产品】

亦称物质产品，工业产品的一种表现形态，是工业生产活动所创造的具有新的物质形态和新的使用价值的产品。如纺织厂生产的棉纱、棉布；钢铁厂生产的生铁、钢材等。实物产品是工业产品产量统计的对象，每一种实物产品的产量都可用实物单位（如吨、台、件、米等）来表示。在计算工业总产值时，实物产品的价格按全价计算，即包括加工对象（原材料）的价值和加工价值在内。

【工业性作业】

工业产品的一种表现形态，是工业生产活动的结果，它没有改变劳动对象的形态或结构，又没有生产出新的使用价值，只是恢复或增加原有使用价值的成果，表现为一种工业生产性劳务。工业性作业包括两个方面：一是恢复原有产品的使用价值，如企业对外承做的机器设备、运输工具等工业产品的修理；二是增加原有产品的使用价值，如对外来产品的部分加工或零部件的个别工序加工等。国家统计局规定工业性作业包括以下内容：（1）对外承做的工业品修理。（2）对本企业专项工程、生活福利部门提供的加工修理、设备安装。（3）自行完成的本企业机器设备和交通运输工具的大修理。（4）对外来材料、零件及未完制品所做的个别工序的加工，如研磨、油漆、电镀、钻孔、裁剪、钉扣、印花、印字等的加工。（5）对外来的产品所做的分包和分装工作。（6）对外来的零件、部件进行的简单装配工作。

在计算工业总产值时，工业性作业只按加工价值计算，即不能把加工对象的价值包括在内。

【成品】

亦称产成品或制成品，是本企业生产的已完成全部生产过程，在本企业内不需要再进一步加工，经检验合格，包装入库或已办理入库手续，随时可以提供给社会消费的产品。

按设计或合同规定需要用其他单机、部件、附件配套的产品，必须配套件齐备或装配完毕才算作成品。例如水泵厂生产的水泵，只有当水泵上的电机、三阀及各种配件装配成套，附件配套齐全时才能算作成品。

企业自制的已出售或准备出售的半成品，如外售的备品配件、协作件、工矿配件等，具有成品的意义，也应视同成品。

【半成品】

亦称半制品。本企业生产过程中在已完成一个或几个生产阶段，并经检验合格入库，但需继续加工的中间性产品。如纺织厂的棉纱；印染厂的坯布；造纸厂的纸浆；自行车厂已加工完毕的车架、车把、车条、车圈等。这类半成品通常又叫作自制半成品。自制半成品若用于出售也算成品。半成品若自外购入，则具有原材料性质。对于自制半成品，企业应加强管理，制定库存半成品定额；建立收发、领用等制度；做好半成品的存放、保管工作，防止损坏、混号，确保半成品成套供应，以便车间之间生产上相互衔接。

【在制品】

亦称在产品。尚未制造完成的产品。包括两类：一类是介于原料和半成品、半成品和成品之间的产品，即处于各工序加工过程中的制品，或已加工完毕尚待检验或已经检验尚未入库的半成品。另一类指处于加工或制造过程中的未完成的产品。即从原材料投入生产的第一道工序起，直到制成成品之前为止的生产过程中的所有制品。

【工业产品实物量】

亦称工业产品产量，是以符合工业产品的基本物理化学性能或外部特征并能体现产品的使用价值的实物单位所表示的产品数量。例如钢铁、煤、石油等的吨数，机床的台数，汽车的辆数，发电量的度数，木材的立方米数等。

工业产品实物量是工业产品指标体系中最基本、最主要的指标，它反映每一种工业产品的数量，能直接表现工业企业在一定时期内向社会提供的有某种使用价值的产品数量，反映企业在一定时期内生产的实物成果。某些重要工业产品的实物量能表明一个国家的工业发展水平和经济实力，是国际间进行对比的重要资料。工业产品实物量是编制和检查工业企业生产计划，制定物资供应计划和商品流转计划的依据。根据工业产品实物量编制的产品平衡表，可以分析研究各种主要产品之间、工业企业之间、工业部门之间及工业与其他物质生产部门之间的物质联系和比例关系。工业产品实物量是计算和分析其他经济指标（如工业总产值、产品品种、产品质量、原材料消耗、单位产品成本、实物劳动生产率等）的基础。

工业产品实物量指标缺乏综合性，它只能分别反映每一种工业产品的数量，不同工业产品的实物量反映了不同使用价值的数量，无论实物单位是否相同，均不能直接相加总。因此，在概括说明一个企业、一个地区、一个国家的工业生产总规模时，还需要借助工业产值指标。

准确计算工业产品实物量，必须遵守以下几项原则：（1）质量原则。必须是符合规定的产品质量标准的合格品才能统计工业产品产量。某些行业的一些制品虽然没有完全达到规定的质量标准，但仍可在原定用途上使用并可以作为工业产品销售的，也应计算产品产量。（2）入库原则。必须是包装入库或办完入库手续的工业产品，才能统计工业产品产量。（3）时限原则。必须遵守核算产品产量的截止时间。一定时期的产品产量，应是报告期期初至期末最后一天的产量之和。在多班制的情况下，最后一天的截至班次必须固定，不得随意变动。（4）度量原则。必须尽可能地进行实际度量，如检斤、检尺、计数等。有些产品实际度量确有困难而不得不采用推算方法的，应严格按照主管部门规定的推算方法计算。（5）目录原则。必须严格按照《工业产品目录》规定的统计范围、产品名称、计算单位及计算方法等要求进行统计。

工业产品实物量有混合量和标准实物量两种表现形式。参见“工业产品标准实物量”。

【工业产品标准实物量】

亦称工业产品标准量或标准产量或折合量。工业产品实物量的表现形式之一，是把各种名称相同、用途相同或基本用途相近的同类产品中的不同规格，不同化学成分含量，不同效能的产品产量，按一定的折算标志和折算系数折合为某一标准规格或标准含量的产品产量。如将各种功率不同的拖拉机折为15牵引马力的标准台数，把各种能源按每千克发热量7000千卡标准折算的标准煤吨数，把不同含量的化肥折合成含量为100％的化肥产量等。

工业产品实物量有两种表现形式：标准实物量和混合量。混合量是把名称相同、用途相同而规格或含量不同的同类产品，按其原实物单位直接相加所得的总产量。它是客观存在着的自然量，是产品销售、分配和计算货运量、仓储量的依据。标准实物量能确切地反映产品的使用价值总量和企业生产工作量。凡规定按标准实物量统计的产品，应将产品折算为标准量后进行统计。在实际工作中，某些产品要同时计算混合量和标准实物量。

计算标准实物量应先确定折算的标志，然后确定各个不同规格或不同含量的产品的折算系数，再折算成标准实物量。折算标志是确定折算系数所依据的标志。由于历史的原因，在实际工作中，折算标志不尽一致，一般是用使用价值量，也有的用活劳动消耗量或原材料消耗量。折算标志不同，其据以计算的标准实物量的意义亦不相同。从准确反映使用价值总量的观点出发，应当采用使用价值量标志，如拖拉机的牵引功率、能源的发热量、化工产品的有效成分含量等。折算系数及标准实物量的计算公式如下

$$\text{折算系数}=\frac{\text{产品的实际规格或含量}}{\text{标准规格或含量}}$$

$$\text{标准实物量}=\sum(\text{原实物产量}\times\text{折算系数})$$

【工业产品目录】

按工业部门的分类原则和产品归口管理的状况，依一定顺序编排的产品名目。编制产品目录，可以为各级计划和统计部门提供一个工业产品名称、品种归类分组的统一标准，以便准确地统计和计算各类工业产品的各种技术指标。随着工业经济的发展，老产品不断淘汰和改进，新产品不断开发，产品目录要注意随时修订。通常每年应修订一次。

【生产能力】

一定时期，一个企业、车间、工段、班组或一组机械设备，在充分估计劳动生产率、合理利用生产设备和生产面积，采用先进的工艺方法和劳动组织形式等条件下所能生产某种产品的最大能力。通常按年计算，以实物量或标准实物量表示。生产能力根据水平和计算对象

可分为许多种，如设计生产能力、核定生产能力、计划生产能力；设备生产能力（成套设备生产能力、单机生产能力）、生产面积生产能力等。人们通常所说的生产能力指设计生产能力。

【生产价格】

商品经济条件下商品价值的转化形式，等于商品的成本价格加平均利润。在生产要素可以自由转移的情况下，利润率较低的部门的资本必然向利润率较高的部门转移，通过竞争，利润率会平均化，形成平均利润率。这样，归于多个生产部门的利润就不再是个别的利润，而是平均利润。它和多部门成本价格相加，就是各部门的生产价格，从而使价值转化为生产价格。

随着生产价格的形成，在资本有机构成比平均构成高的部门，生产价格大于价值；在资本有机构成比平均构成低的部门，生产价格则小于价值。但从社会再生产全局看，一些部门生产价格同价值的背离，会被另一些部门生产价格同价值的背离所抵消，即商品的生产价格总额等于商品的价值总额。所以，生产价格只是价值的转化形式，价值规律通过生产价格的形式发生作用，在供求关系影响下，市场价格经常围绕着社会生产价格上下波动。

【工业品出厂价格指数】

工业品出厂价格指数简称 PPI，是工业品价格在某个时期内变动的相对数，反映全部工业产品出厂价格变化趋势和变动幅度。与 CPI 相比，CPI 是从消费者的角度反映市场物价的变化趋势，PPI 是从生产者的角度反映产品的价格变动情况。

工业品出厂价格指数是中国价格统计指标体系的重要组成部分，反映了在国民经济活动中处于上游生产环节的产品价格情况，对监测宏观经济运行情况、分析预测下游产品价格变化趋势具有重要作用。

工业品出厂价格指数有以下基本用途：一是用于国民经济核算；二是度量通货膨胀（通货紧缩）；三是用于企业谈判和企业经济效益分

析；四是用于国际比较。

工业品出厂价格指数存在以下局限性：一是工业品出厂价格指数仅能反映工业生产者出厂价格的变动情况，不能反映农业和服务业生产者的价格变动；二是工业品出厂价格指数的同质可比原则操作起来难度较大，同质可比原则是编制价格指数的基本要求，一些非价格变动因素需要在技术上进行处理，才能使价格指数能够反映“纯价格”的变动，但在实际工作中非价格变动因素的剔除往往比较困难。

【产品合格率】

合格产品产量占全部制品产量的比重，是反映生产质量的主要指标。

$$产品合格率=\frac{合格品产量}{全部制品产量}\times 100\%$$

产品合格率一般用实物量计算。合格率越高，说明生产过程中工作质量越好。提高产品合格率的主要措施是：加强设备的管理和维修，减少因设备原因造成的次品、废品；加强劳动管理，规范作业制度，减少因工作疏忽造成的残次品。

【返修率】

返修品数量在全部送检品中所占的比重。返修品指经鉴定认为技术上可修、经济上亦合算而退回返修的产品。返修率一般以实物量计算。

$$返修率=\frac{返修品数量}{全部送检品数量}\times 100\%$$

产品返修，有时不止一次，而是须经过多次返修才能达到合格品要求。在这种情况下，返修率有两种计算方法：一种是不考虑重复返修的次数，而是以产品为计算对象，也就是只按第一次返修量计算。另一种是考虑重复返修的次数，以返修工作量为计算对象，即每重复返修一次，在返修率的分子分母中都要重复计算一次。

【废品率】

废品在全部产品中所占的比重。废品一般指内在和外观质量不符合规定的技术标准，已丧失应有的使用价值的产品。

$$废品率=\frac{废品数量}{合格品数量+次品数量+废品数量}\times 100\%$$

废品率越低，说明工作质量越好，反之则越差。

【废品损失率】

废品损失金额在成本中所占的比重，是反映废品造成经济上的损失程度的一种分析指标。

$$废品损失率=\frac{废品损失}{产品总成本}\times 100\%$$

其中

$$废品损失=(不可整废品全部费用-不可整废品残值)+可整废品损失-责任者罚款$$

利用废品损失率指标可分析废品损失率变化带来的经济损益，计算公式为

$$由于废品损失率变化带来的经济损(-)益(+)=报告期总成本\times 基期废品损失率-报告期实际废品损失$$

【工业设备数量指标】

亦称工业设备拥有量，是指实际拥有的用于工业生产的设备数量。

工业设备是指除厂房、道路、仓库等建筑业产品所形成的劳动资料及低值易耗品以外的一切属于工业产品所形成的劳动资料。工业设备数量指标包括的范围以《工业设备目录》为依据，包括企业生产车间、辅助车间等部门的设备，不包括非工业生产用设备，如用于基建、文教、福利等部门的设备。工业生产与非工业生产兼用的设备，按其主要用途划定。确定设备数量的原则是使用权，而不是所有权。工业设备数量的基本范围是实有设备。实有设备是指实际拥有的、可供调

配的全部设备。包括自有的、租用的和借用的、已安装及未安装的设备。不包括已经批准报废的设备、订购未运抵本企业的设备及租出或借出的设备。

工业设备数量指标，一般表现为以实物单位如“台”“座”“部”“套”等表示的实物量，有些设备如大型热力及化学设备用单一的计算单位不能确切地反映其数量时，可结合设备的面积、容积等用复合单位表示。如冶金工业的高炉用“立方米/座”计算。根据现行统计制度的规定，某些生产设备还要求观察其能力，通常以年产量表示，如高炉的能力计算单位为“万吨/年”。在需要反映工业设备总量时，工业设备数量指标也可表现为价值量指标形式，现行工业统计中，是指工业设备原值，即设备购置和安装时发生的全部支出，包括设备的购置费、包装费、运杂费和安装费。

工业设备数量指标有时点数和平均数两种形式。设备时点数是指工业企业、部门或地区在报告期内某一时点（通常是期末）上所拥有的设备数量。设备平均数是指在报告期内平均每日拥有的设备数量。计算公式为

$$工业设备期内平均数=\frac{报告期内每时拥有设备数量之和}{报告期日历日数}$$

$$或工业设备期内平均数=期初设备数量+\frac{报告期内增加设备台日数}{报告期日历日数}-\frac{报告期内减少设备台日数}{报告期日历日数}$$

在期内设备数量变动不大时，亦可用期初数加期末数除以 2 求得设备期内平均数。

【工业设备综合利用指标】

以综合设备时间和能力两个方面来反映其利用程度的指标，一般称为综合利用率，是设备在一定时期的实际产量与其可能产量之比，其计算公式为

$$设备综合利用率=\frac{设备实际产量}{设备可能产量}\times 100\%$$

设备在一定时期的产量，取决于设备的作业时间和生产能力两个因素。实际产量取决于实际作业时间和实际生产能力；可能产量取决于可能利用时间和可能利用能力。因此，以一定时期的实际产量与可能产量对比，综合地反映了时间利用和能力利用的结果。设备的综合利用率与时间利用率、能力利用率之间有如下关系：

$$\begin{aligned}设备综合利用率&=\frac{设备实际产量}{设备可能产量}\\&=\frac{设备实际作业时间\times 设备实际能力}{设备可能利用时间\times 设备可能能力}\\&=设备时间利用率\times 设备能力利用率\end{aligned}$$

【工业产品生产能力的主要指标】

通常指反映工业产品生产能力变动的基本指标，有年初生产能力、本年新增生产能力、本年减少生产能力、年末生产能力、全年平均生产能力。

年初生产能力是指企业在报告年年初时所具有的产品生产能力。在企业生产方向和产品品种构成没有变动的情况下，一般就是上年末生产能力。在生产方向已决定改变或品种构成已发生重大的方向性改变的情况下，应按照变动后的品种构成重新确定年初生产能力。

本年新增生产能力包括以下项目增加的生产能力：基建项目竣工投产；挖潜、革新、改造；从其他企业调入设备。

本年减少生产能力包括以下项目减少的生产能力：设备报废或拆除、调出；矿山、油田企业地质情况发生变化或自然资源减少；自然灾害；企业关闭。

年末生产能力，指工业企业在报告年年末时所具有的产品生产能力。

以上 4 个指标具有如下关系：

年初生产能力＋本年新增生产能力－本年减少生产能力＝年末生产能力

全年平均生产能力反映企业报告期内具有产品生产能力的一般水平，是分析当年生产能力利用程度的基础，其计算公式为

$$\text{全年平均生产能力}=\text{年初生产能力}+\text{本年新增的年平均生产能力}-\text{本年减少的年平均生产能力}$$

式中

$$\text{本年新增的年平均生产能力}=\frac{\sum[\text{新增设备的年生产能力}\times\text{自投入生产到年底的日历日数(或月数)}]}{365\text{(或 12 个月)}}$$

$$\text{本年减少的年平均生产能力}=\frac{\sum[\text{减少设备的年生产能力}\times\text{自减少之日到年底的日历日数(或月数)}]}{365\text{(或 12 个月)}}$$

【工业产品生产能力利用率】

反映产品生产能力利用程度的指标，是工业产品全年实际生产量与全年平均生产能力的比率。其计算公式为

$$\text{工业产品生产能力利用率}=\frac{\text{本年实际生产量}}{\text{全年平均生产能力}}\times100\%$$

工业产品生产能力利用率受当年生产任务的安排、原材料的供应、劳动力的配备与出勤以及设备的技术状况与维修质量等多种因素的影响。这一指标是反映劳动资料经济效益的综合性指标，是制定产业政策、确定固定资产投资计划的依据，是挖掘潜力，增加社会有效总供给的途径。在西方国家，这一指标称之为开工率，是分析经济景气状况的一个重要指标。

【工业设备完好率】

反映工业设备完好状况的指标，是指完好设备台数占设备总台数的比重。其计算公式为

$$工业设备完好率=\frac{工业设备完好台数}{全部工业设备台数}\times 100\%$$

上式中，全部工业设备台数指已安装的工业设备，包括正在作用的、停用的，以及封存和正在检修的设备。不包括尚未安装的以及由基建部门、物资部门代管的设备。工业设备完好台数是指符合设备完好标准的设备台数。单项设备一般完好标准有3条：（1）设备性能良好。如动力设备的技术指标能够达到原设计标准；机械设备精度能够满足生产工艺的要求；设备运转无超温超压现象。（2）设备运转正常，零部件齐全，磨损腐蚀程度不超过规定的标准，主要的计量仪表和润滑系统正常。（3）原材料、燃料、油料等消耗正常，基本没有漏油、漏气、漏水、漏电等现象。不同工业部门对设备的完好标准还有许多具体规定。各项规定标准必须全部达到才算作完好设备。完好设备台数必须按照完好标准，逐台检查，不能用抽查推算的办法计算。

设备完好率指标可按不同的设备范围计算，如全部设备、主要设备、各类设备，尤其是精密、大型、稀有和关键设备等。在实际工作中，完好率指标通常按主要生产设备计算，称为主要生产设备完好率。

工业设备完好率的高低，反映企业设备的技术状态，是评价企业设备管理工作水平和设备检修维修工作质量的重要指标。

【工业产品销售量】

以实物单位计算的各工业企业在一定时期内通过各种形式实际销售的工业产品数量。

工业产品销售量统计的时间标准是发货时间。依据产品交货方式的不同，按如下时间标准核算：（1）采用送货制的产品，若由本企业运输部门发运，则以产品出库单上标明的日期为准；若委托专业运输部门发运，则以承运单上的日期为准。（2）采用提货制的产品，以提货单上的日期为准。产品尚未生产出来，已预收货款或预开提货单的，不应视为销售。在发生退货情况下，若是报告期销售并退回的，应在销售量中扣除。

《工业产品销售目录》是统计工业产品销售量的依据，各工业企业必须按目录的规定填报。

工业产品销售量指标可以反映销售动态和实现产品销售合同的情况，为研究工业产品产、销、存的平衡关系，检查重要产品分配计划执行情况提供依据。

【工业产品销售额】

工业企业在一定时期内通过各种形式实际出售的工业产品的总价值量。其计算公式为

$$\text{工业产品销售额}=\sum(\text{工业产品销售量}\times\text{产品实际销售单价})$$

在一种产品有几种价格时，应分别用各种价格乘以相应的销售量，也可用平均销售单价计算。工业产品销售额应包括企业全部已销售的产品，而不以《产品销售目录》为准，这是与销售量不同的地方。在直接计算全部产品销售额有困难时，可按下列公式进行推算：

$$\text{全部产品销售总额}=\text{本期产品销售收入}+(\text{期末应收销售额}-\text{期初应收销售额})$$

工业产品销售额可为研究全部工业产品的产销平衡情况，分析全部工业产品销售的构成和各种不同销售的比例关系提供依据；为编制工业品出厂价格指数提供权数资料。

【工业产品销售率】

反映产销衔接程度的指标，是一定时期内工业产品销售量与商品产品生产量的比率。

工业产品销售率既可按每一种产品的实物量计算，也可按全部产品的价值量计算，用以反映某种主要产品的产销衔接情况或综合反映企业、部门、地区全部商品产品的产销衔接情况。其计算公式为

$$\text{主要产品销售率}=\frac{\text{某种主要产品报告期销售量}}{\text{该种产品报告期商品产品生产量}}\times 100\%$$

$$综合销售率=\frac{产品销售总额}{报告期商品产值}\times 100\%$$

计算综合销售率，分子、分母所包括的产品范围必须一致，凡计算商品产值的产品，销售总额也应包括。

根据工业产品销售率，可以分析产销衔接的状况和趋势。如销售率等于100%，说明产销同步、均衡发展，产销结合程度良好；如销售率大于100%，亦表示产销衔接好。但若销售率连续若干时期均大于100%，且有逐步提高趋势，则说明销售发展大于生产发展，有可能出现供不应求局面；如销售率小于100%，说明本期生产的商品产品没有全部销售掉，产品有发生积压的危险。

【工业产品库存量】

在一定时点上（通常是期初或期末）经验收合格、办完入库手续，尚未销售的实际库存产品数量。

工业产品库存量包括：（1）本企业仓库储存的产品和存放在代销单位尚未出售的产品。（2）采用送货制，在托收承付结算方式下，已运往车站、码头，但尚未与运输部门办完托运手续的产品。（3）因需修理暂时出库返修、未办理出库手续的产品。不包括：（1）已产出但尚未验收入库的产品。（2）采用提货制的产品，已开出提货单尚未提取的产品（“客户寄存”）。（3）代保管的产品。

工业产品库存量应以实际盘点数为准。

【工业产品库存额】

在一定时点上（通常是期初或期末）经检验合格、办完入库手续，尚未销售的全部产品结存价值量。

计算工业产品库存额，可以用产品平均销售单价，也可以用成本价格。用产品平均销售单价计算库存额，便于分析产品产销存之间的联系。但价格只能用本期已销售产品的单价计算，这就存在一定假定性，而且计算工作量很大。统计实践中一般采用产品实际成本价格计算产品库存额。用成本价格计算，便于将产品库存额与成品资金占用联系起来，深入研究问题。但这样计算不便于研究工业产品产销存之间的平衡关系。进行这种研究时，需要将按成本价格计算的产品库存额换算为按销售价格计算的产品库存额。其换算公式为

$$按销售价格计算的产品库存额=按成本价格计算的产品库存额\times\frac{产品销售单价}{产品单位成本}$$

由于计算全部工业产品库存额的工作量比较大，为简化计算，也可以用会计上的成品资金调整取得。但应注意产品库存额与成品资金在包括的产品范围上有如下两点区别：（1）成品资金包括与企业产品配套出售的外购商品，而产品库存额不应包括这部分尚未经企业装配和加工而出售的外购品。（2）采取托收承付结算方式出售的产品，办完托运手续即作为销售处理，而成品资金要在银行办完托收手续才作为发出商品从成品资金中转出。所以，成品资金中包括产品发出尚未办理托收手续的产品，而产品库存额则不包括这部分产品。

【工业总产值】

工业企业在一定时期内所生产的以货币表现的工业产品总量。

工业总产值的计算应注意几个基本要求并遵守计算原则。（1）应以工业产品为计算对象，即只能计算企业从事工业生产活动的直接有效成果。（2）应包括企业在一定时期工业生产的总成果，而不论其表现形态、完工与否等。（3）产品的计价方法应与产品的物质形态相适应，实物产品，不论是否用自备原材料生产，均应按产品的全价计算；工业性作业则应按加工价值计算。计算工业总产值的原则是“工厂法”原则，即以工业企业为一个整体，按企业生产活动的最终成果计算。

工业总产值包括以下内容：

1. 成品价值

具体包括：（1）企业自备原材料生产的已经销售和准备销售的成

品价值。(2) 企业生产的提供给本企业基本建设部门、其他非工业部门和生活福利部门等单位使用的成品价值。(3) 企业自制设备的价值。(4) 用订货者来料加工生产的成品价值。(5) 已经销售或准备销售的半成品价值。现行统计规定，没有达到规定的质量标准，可以在原定用途上使用，并作为工业产品销售的次品，可按低于合格品的价格计算工业总产值。

2. 工业性作业价值

具体包括：(1) 对外承做的工业品修理的价值。(2) 对本企业专项工程、生活福利部门提供的加工修理、设备安装等价值。(3) 自行完成的本企业机器设备和交通运输工具的大修理作业价值。(4) 对外来材料、零件及未完制品所做的个别工序的加工价值。(5) 对外来的产品所做的分包和分装工作的价值。(6) 对外来的零件、部件进行的简单装配工作的价值。

3. 自制半成品、在制品期末期初差额价值

报告期生产而尚未消耗的半成品、在制品价值是报告期工业生产活动的成果，应计入工业总产值。由于工业生产的连续性，从量上看，计入本期工业总产值的只能是半成品、在制品价值的期末期初差额价值。在实际工作中，考虑到生产周期较短（6 个月以下）的企业，期末期初的半成品、在制品价值一般变动不大，可以略而不计。但生产周期较长（6 个月以上）的企业则应计算这部分价值。

工业总产值是工业产品总价值量指标，可用以表明企业、部门、地区以及整个工业生产的总规模和总水平，从反映工业生产的国民经济周转额角度，可用以研究企业之间、部门之间的经济联系。作为反映生产成果的指标，工业总产值还可与产品的销售额、产品的库存额、原材料的消费额、原材料的库存额等指标联系起来分析产供销的结合情况。工业总产值还是计算一系列经济指标，如工业净产值、劳动生产率、产值利税率、资金利用率等的基础指标。

工业总产值不包括：（1）非本单位生产的工业产品价值，如购自厂外而在本单位内未经任何加工又转售的产品价值，按照合同规定不需要本单位加工和安装的协作件（如机组、仪表）的价值。（2）本单位非工业活动单位的非工业产品价值和收入，如农牧场的农、畜产品的价值，基本建设部门的建筑安装价值，运输部门的运输收入，住宅、公用事业及福利事业单位（如洗衣房、澡堂、理发室等）的收入等。（3）工业生产过程中产生的废料（如锯末、切屑、矸石等）的出售价值。

工业总产值具有如下3个特点：（1）受产品中原材料转移价值所占比重大小的影响。当耗用劳动时间相同，而生产料多料贵的产品时，总产值就高，反之则低。（2）不反映企业生产起点或生产结构的变化。当企业的最终产品不变而只是前工序变化（即生产起点变化）时，如原材料由外购改为自产，或由自产改为外购，均不影响工业总产值。（3）受工业组织变动的影响。工业的改组、企业的关停并转、专业化和协作化程度的提高，会影响地区、部门和全国的工业总产值。

【工厂法原则】

工业总产值的计算原则之一，要求以整个企业为范围，按企业工业生产活动的最终成果计算工业总产值，企业内部不允许重复，但允许企业间重复。

由于工业生产具有连续加工的性质，从价值角度看，前一阶段的生产成果要全部以转移价值形式包含在后一阶段的成果中。因此，为了反映工业生产活动的总成果，工业总产值应当以最终成果为计算对象。根据确定最终成果的范围的不同，在理论上，工业总产值可以有不同的计算原则，如公司法、管理局法、部门法、工业法及车间法等计算原则，分别要求以公司、管理局、部门、整个工业及车间为范围，也就是在计算工业总产值的时候，不允许在相应范围内重复，而允许在范围之间重复。

我国现行统计制度规定，应按“工厂法原则”计算工业总产值。这是由于工业企业是组织工业生产，国家实行工业管理的基层单位，是社会核算和计划的基本单位，是相对独立的生产经营者。工厂法原则与我国工业管理体制基本适应。按工厂法原则计算的工业总产值有利于与其他的经济指标（如职工人数、资金、利润等）结合应用，而且在计算方法上也简便易行。

按工厂法原则计算工业总产值的方法有两种：一种方法是以各车间生产的产品价值之和（企业总周转额）减去厂内进一步加工的产品值（厂内周转额）；另一种方法是按工业企业生产活动的最终成果计算，即直接把企业在报告期生产的最终产品价值相加。为了反映工业总产值的产品构成，通常采用后一种方法来计算工业总产值。

按工厂法原则计算的工业总产值在某些方面能满足我国当前工业管理的需要，可用作编制计划、研究工业生产发展速度，分析工业和国民经济其他部门以及工业内部各种比例关系的依据。但由于按企业最终成果计算，不能反映企业生产起点或生产结构的变化，因而可能与企业生产工作不完全相适应；同时，从国民经济角度看，受工业组织变动和专业化协作程度影响，重复计算很多。因此，一般地说，按工厂法原则计算的工业总产值虽可用于多方面的分析研究，但不宜用于评价和考核工作成果。

【工业销售产值】

以货币表现的工业生产单位在一定时期内销售的本单位生产的工业产品总值。包括已销售的成品、半成品价值，对外提供的工业性作业价值和对本单位基本建设部门、生活福利部门等提供的产品和工业性作业及自制设备的价值。工业销售产值按现行价格计算。统计销售产值以当期销售为准，但必须是本单位生产的产品。

除了自制半成品、在产品期末期初差额价值以外，工业销售产值的计算范围、计算价格和计算方法与工业总产值一致，但两者计算的基础不同：工业销售产值计算的基础是产品销售总量（包括本期生产和上期生产），工业总产值计算的基础是产品生产总量。

工业销售产值包括：（1）成品价值。指企业在报告期内实际销售（包括本期生产和上期生产）的全部成品、半成品的总金额（不含增值税销项税额），包括为本企业基本建设部门、生活福利部门等提供的成品价值，但不包括用订货者来料加工的成品（半成品）的销售价值。（2）对外提供的工业性作业销售价值。指企业在报告期内按合同对外提供的工业性劳务，包括为本企业基本建设部门、生活福利部门等提供的工业性劳务。其价值按实际结算的劳务费计算。企业为本单位基本建设部门、生活福利部门等提供的产品和工业性作业及自制设备，参照同类产品和设备的销售价格（不含增值税销项税额）或实际成本价格计算其销售产值。生产周期较长（6个月以上）的机械产品，如船舶、重型机械、大型电子计算机等，可按实际完成的工时定额乘以计划销售价格计算销售产值。自行完成的本单位的工业性作业价值，按报告期实际完成工业性作业的核算成本计算其销售产值。

【工业生产增长速度】

工业生产增长速度也简称工业增长速度，它是以工业增加值作为总量指标计算出来的，是反映一定时期全国或某一地区工业生产增减变动的相对数，通常以百分数表示。目前工业生产增长速度是按价格指数缩减法（即只用工业品出厂价格指数缩减工业增加值）计算的。计算工业生产增长速度的基本用途：一是反映工业经济的运行走势，特别是短期工业经济的运行状况，判断经济景气程度的重要指标；二是制定经济政策，实施宏观调控的依据；三是研究经济周期运行的重要依据；四是进行国际比较和研究的备受关注的指标。其计算公式为

$$\text{工业生产增长速度}(\%)=\frac{\text{报告期可比价格工业增加值}}{\text{基期现价工业增加值}}\times 100\%-100\%$$

$$=\text{工业发展速度}(\%)-100\%$$

【技术服务】

为用户提供技术咨询、产品使用和维修、设备检测、材料试验、物资储运和租赁，以及经济技术信息等服务性活动的统称。技术服务的主要形式有：（1）提供技术咨询、信息咨询。（2）提供技术改造、技术革新和改进生产管理的方案。（3）编制产品说明书。（4）帮助用户了解产品性能，正确使用和排除故障的方法。（5）提供包修、包换、包退服务。（6）为用户培训专业人员。（7）为用户提供配件、备件及专用工具，等等。

技术服务是联系科研与生产、生产与需要之间的重要纽带，是传播经济、技术、市场信息的重要途径。技术服务有利于协调企业与用户的关系，能为企业改进产品质量、开发产品品种、调整产品价格和服务方式提供可靠依据。

【固定资产】

单位价值较高，使用期限较长，并在使用过程中基本上保持其原有实物形态的资产。列作固定资产的一般应同时具备两个条件：（1）使用期限在1年以上。（2）单位价值在规定金额（如2000元）以上。凡不具备这两个条件的为低值易耗品。当然，有些劳动资料的单位价值虽然低于规定标准，但作为企业的主要劳动资料，也应列入固定资产。而有些劳动资料单位价值虽然超过规定标准，但更换频繁、容易损坏，则可不列入固定资产。企业的固定资产可分为生产用固定资产、非生产用固定资产、租出固定资产、未使用固定资产、不需用固定资产、封存固定资产等。

【折旧】

固定资产折旧的简称。固定资产在使用过程中因损耗而逐渐转移到产品中的那部分价值。是固定资产价值的一种补偿方式。我国目前采用的折旧法主要有：平均年限法和工作量折旧法等。固定资产账户余额减去折旧账户余额后的差额就是固定资产净值。

【流动资产】

“固定资产”的对称。企业在生产和流通过程中参加循环周转，不断改变其形态的那部分资产。包括：原料及主要材料、辅助材料、燃料、修理用备件、外购半成品、委托加工材料、在途材料、包装物、低值易耗品、在产品、自制半成品、待摊费用、产成品、应收账款、银行存款、库存现金等。流动资产分为定额流动资产和非定额流动资产两部分。定额流动资产是指在企业生产经营过程中供、产、销三个阶段上经常占用的，核定有定额的定额流动资金（包括储备资金、生产资金和成品资金）的具体存在形态。其中，分布在企业生产经营过程不同阶段和不同地点的各种具有实物形态的资产，均归属于企业的实物库存，在会计上称为存货。存货按其取得方式分为外购存货和自制存货两种类型，在会计上都应以其实际发生的原始成本（即外购存货的采购成本和自制存货的生产成本）计价入账。非定额流动资产是指在企业的流通领域中占用的、不核定定额的非定额流动资金（包括货币资金和结算资金）的具体存在形态。对企业的流动资产，在会计核算中应分别设置科目进行核算。

【销售收入】

企业销售商品和提供劳务所取得的货币收入。它是企业一项重要的财务指标。工业企业的销售收入，主要包括产品销售收入，如产成品、自制半成品、代制代修品和工业性劳务等的收入。此外还有其他销售收入，如材料销售和包装物出租，运输等非工业性劳务收入。及时取得销售收入，是保证企业再生产过程顺利实现的重要条件。

【成本】

产品生产过程中消耗的各种费用，包括原材料消耗，劳动者的报酬和管理费用。工业企业的产品成本指企业生产产品所发生的费用。

按费用计入范围又分为车间成本、工厂成本和全部成本。成本是确定产品价格的依据，也是衡量企业生产经营活动质量的一个重要标志。降低成本可以提高产品的竞争能力，增加企业盈利。降低成本的主要途径有：(1) 提高原材料、燃料利用率，减少废品。(2) 提高设备利用率，以降低单位产品成本中的物化劳动消耗量。(3) 提高劳动生产率，以减少单位产品成本中的工资支出。(4) 优化生产组织，加强经营管理，减少非生产性支出。

【成本管理】

亦称成本控制。对工业企业产品成本进行计划、控制、分析、考核等一系列工作的总称。成本管理的主要内容：(1) 确定成本目标。根据企业内外部情况，在产品正式投产之前，对产品设计、工艺制定、材料选用、专有设备购置以及材料供应和产品产销规划等进行经济技术分析，从中选取生产产品的最低成本方案，据此确定该产品正式投产后各种消耗的合理数量，作为其成本目标。成本目标通常以计划成本、定额成本、各种资源消耗定额和费用预算等形式来表现。(2) 实施成本控制。首先将成本目标层层分解，落实到部门、班组、个人，然后建立分口分级控制责任制。对生产经营中的各种材料消耗和费用支出按预定标准进行控制，以保证成本目标的实现。(3) 成本分析与考核。对一定时期各车间、班组的实际成本与计划成本进行比较分析，确定成本超支或节约的数额和幅度，查找原因、分析责任，据以改进成本控制工作。

【成本核算】

对一定时期内企业发生的生产费用进行归集、汇总、核算以及计算产品成本的工作。成本核算的主要内容有：(1) 根据国家规定的成本项目和成本开支范围标准，完整地归集与成本计算有关的各种耗费。(2) 正确计算生产资料转移价值，合理分配管理费用和应计入本期成本的费用份额。(3) 科学地确定成本计算对象、项目、期间和成本计算方法以及费用分配方法，保证各种产品成本的准确。核算成本的基础是建立健全原始凭证制度、材料管理制度和各种定额制度。成本核算的主要作用是促使企业增产节约、增收节支，提高生产和经营效益。

【成本分析】

利用各种有关资料对企业产品成本的形成情况、成本变动的原因进行评价、剖析、对比、总结等工作的统称。成本分析的内容包括：（1）分析产品成本计划完成情况。（2）掌握原材料、燃料、动力费用、工资支出、管理费用等构成成本的主要项目的变动情况。（3）比较现期成本与历史成本，本企业产品成本和同行其他企业产品成本，了解可比成本的升降情况，并查明影响成本升降变化的因素。（4）寻找进一步降低成本的方向和途径。

成本分析是成本管理的一个重要组成部分，也是企业经济活动分析的重要内容之一。

【生产成本】

生产一定种类和数量的产品所发生的各项费用的总和。在计划经济中又称工厂成本，在市场经济中称成本价格。生产成本包括生产过程中消耗掉的生产资料（原材料、燃料、动力、机械、设备等）的价值、管理费用（车间经费和企业管理费用）和付给劳动者的报酬。

【销售成本】

企业为生产和销售产品所支付的费用总和，又称完全成本或全部成本。销售成本包括两部分，即工厂成本和销售费用。销售成本一般按加权平均法计算，其计算公式为

$$\text{单位产品销售成本}=\frac{\text{某产品期初完全成本}+\text{某产品本期增加的完全成本}}{\text{某产品期初数量}+\text{某产品本期增加数量}}$$

【总成本】

一定时期内生产产品所支付的全部生产费用。可分为某种产品或

某批产品总成本和全部产品总成本。前者指一定时期内生产某种或某批产品所支付的费用总和；后者则是指一定时期内生产的所有各种、各批产品所耗费的费用总和。产品总成本的计算公式为

$$产品总成本=期初在制品成本+本期属于产品成本的费用总和-期末在制品成本$$

【单位成本】

每一单位产品的成本，计算公式为

$$单位成本=\frac{某产品总成本}{某产品数量}$$

其中

$$某产品总成本=该产品的期初在制品成本+该产品本期成本增加数-该产品期末在制品成本$$

单位成本是反映产品成本水平的一个指标。

【成本项目】

按经济用途对构成产品成本的生产费用所做的分类。一般包括：(1) 原料及主要材料。(2) 生产用燃料和动力。(3) 生产工人的工资。(4) 废品损失。(5) 车间费用。(6) 企业管理费。(7) 销售费用等项目。前五项费用合计构成产品的车间成本；前六项费用合计构成产品的生产成本或工厂成本；加上第七项便是产品的销售成本。

【边际成本】

西方经济学中的一种成本概念。指在原有产量基础上，再增加一个单位的产量所增加的成本支出。边际成本的变动规律是：在产品开始生产时，边际成本较高；随产量扩大，边际成本递减；产量达到一定水平后，边际成本转为递增。使用边际成本概念是为了选择合理产量，使产品成本达到最低水平。通常以边际成本与平均成本相等时的产量为最合理产量，此时产品成本最低。超过最佳产量，产品的边际成本和平均成本都将上升。

【边际收益】

西方经济学中的一种收益概念。指增售一个单位的商品所增加的收益。西方国家的企业一般用边际收益与边际成本的比较来确定产量规模和价格水平。即如果增售一个单位的商品所得到的收益大于增产这一单位商品的边际成本，企业可继续增加生产，增加销售；如果增售一个单位的商品所得到的收益小于其边际成本，则企业出现亏损。所以，最大销售边界是边际收益等于边际成本时的销售量。

【财务成果】

亦称“损益”或“盈亏”。企业在一定时期内从事生产经营活动所取得的利润或亏损。它是综合反映和考核企业经营管理工作质量的一个重要指标。工业企业的财务成果由产品销售利润（或亏损）、其他销售利润、资源税、营业外收入、营业外支出等构成。企业经营活动的全部收益大于全部支出时，差额为利润；反之则为亏损。

【会计科目】

简称“科目”。会计工作中为归集和记载各种经济业务，对资金运用（资产）、资金来源（负债）、费用和收益，按其经济内容或用途所做的分类。例如，资金运用方面的“固定资产”“原材料”“现金”“银行存款”“应收账款”等科目；资金来源方面的“固定基金”“流动基金”“流动资金借款”“专用基金”等科目。会计科目是设置账户的依据。有总账科目（一级科目）、子目或类目（二级科目）和明细科目，分别据以开设总分类账、二级账户和明细分类账户。

【会计凭证】

用来记录经济业务，明确经济责任，作为记账依据的书面证明。按其填制程序和用途，可分为原始凭证和记账凭证；按其来源，可分为自制原始凭证和外来原始凭证；按其填制方法，可分为一次凭证和累计凭证。填制和审核会计凭证是会计工作的一种专门方法。通过会计凭证的填制和审核，不仅可以保证账簿记录的真实可靠，更主要的是可以检查各项经济业务是否合理、合法，促进和监督有关单位贯彻执行宪法、法律、方针、政策、制度、计划，维护财经纪律。

【权责发生制】

亦称“应计基础”。“现金收付基础”的对称。是以收入和费用是否应计入本期损益为标准，来处理有关经济业务的一种会计处理方法。在这种会计处理方法下，凡属本期已获得的收入，不论款项是否已经实际收到，都作为本期的收入处理；凡属本期应当负担的费用，不论款项是否已经实际支付，都作为本期费用处理。反之，凡不应归属本期的收入，即使款项已经收到，都不作为本期的收入处理；凡不应归属本期的费用，即使款项已经支付，也都不作为本期费用处理。为了正确划分各个会计期间的收入和费用，在会计实务上，应设置“应收款”“预付收入”账户，以反映其收入；应设置“待摊费用”“预提费用”账户，以反映其费用，正确地确定各期的财务成果。凡是实行独立经济核算的企业，一般都应采用这种会计处理方法。

【会计报表】

会计核算中，以账簿资料为主要依据，按规定的表格形式，具有一定的指标体系，用以总括反映企业、事业、机关等单位在一定时期的财务状况、财务成果或预算执行情况的书面报告。会计报表按其反映的经济内容，可分为财务报表和成本报表；按编制的时间，可分为月度报表、季度报表和年度报表；按编制单位，可分为单位报表（亦称基层报表）和汇总报表；按编制用途，可分为对外报表和内部报表。编制会计报表是会计的一种专门方法。通过会计报表，可以集中、概括地反映每个报告期内的资金来源、运用情况；反映人力、物力、财力的耗费与成果；反映为社会提供的效益和为国家提供的资金积累等情况；同时，还为财政、税务机关、金融信贷部门提供进行经济监督所需的资料。企业上报的会计报表，经上级和财政、税务部门汇总后成为国家进行国民经济综合平衡，制定政策所需的资料。

【企业经济活动分析】

运用科学的技术方法，根据客观经济规律和计划要求，分析企业的全部经济活动。它是企业管理工作的重要内容之一。所有工业企业都应建立厂部、车间、班组三级经济活动分析制度。根据分析的不同内容和要求，企业经济活动分析可分为综合分析和专题分析两类。其分析步骤大体可分为：(1) 明确分析的目的要求，制定经济活动分析提纲。(2) 思想发动和组织分工。(3) 资料准备。(4) 进行调查研究，写出分析报告，落实改进措施。企业经济活动分析对于总结企业生产经营的经验，发扬成绩，及时发现问题，提出改进企业管理的措施，促使企业自觉地运用经济规律，不断提高企业管理工作水平，全面和超额完成各项计划任务有着重要意义。

【企业经济效益】

由企业在经济管理和技术实践活动中直接引起的，在企业本身得到的经济效益，表现为企业投入与产出之比。企业是社会经济中的独立实体，具有自己的经济利益和与此相联系的劳动者个人利益。因此，企业在讲求社会经济效益的同时，也关心自身的经济效益。企业经济效益通常采用一系列经济指标来衡量，绝对指标如净产值指标、利润指标；相对指标如产值利润率、成本利润率、资金利润率，等等。企业可以通过节约资源（如人力资源、物力资源、财力资源）提高资源利用率、实行科学管理和技术进步等多种途径，不断提高自身的经济效益。

【每百元固定资产提供的产值】

亦称固定资产产值率，是反映固定资产利用程度的指标。是一定时期工业总产值对平均工业固定资产原值的比率。其计算公式为

$$每百元固定资产提供的产值=\frac{全年工业总产值(元)}{年平均工业固定资产原值(百元)}$$

这个指标越大，说明固定资产的利用程度越高。在实际工作中，也可利用这个指标的逆指标，即每百元产值占用的固定资产原值反映固定资产的利用情况。

$$每百元产值占用的固定资产原值=\frac{年平均工业固定资产原值(元)}{全年工业总产值(百元)}$$

这个指标越小，说明固定资产的利用程度越好。

计算和应用上述两个指标应注意几个问题：（1）固定资产必须是年平均额，这样才能与工业总产值相适应。（2）工业固定资产的估价宜使用原值，原值更接近于各种新旧程度不同的固定资产的使用价值或生产能力。（3）两个指标均受固定资产本身结构特点的影响，而不同工业部门与企业在固定资产结构特点上有很大差别，所以这两个指标不宜在不同部门、不同企业间做静态对比，只有在同一部门（或企业）内进行动态对比，或在条件相近的部门（或企业）之间进行静态对比才有意义。（4）由于这两个指标都是用工业总产值计算的，因此受工业总产值指标的特点和问题的影响较大。在实际工作中，还计算每百元固定资产提供的工业净产值、利润和税金等来反映工业固定资产利用情况。

【工业流动资金周转次数】

反映工业流动资金周转速度、说明流动资金利用情况的一个指标。是指工业流动资金在一定时期内实现周转的次数。

工业流动资金从货币资金开始，依次经过储备资金、生产资金，最后又复旧为货币资金，就是完成了一次周转。周转次数表明流动资金的周转速度，次数越多，周转速度越快，说明企业流动资金的利用情况越好。周转次数的计算公式为

$$工业流动资金周转次数=\frac{产品销售收入}{流动资金平均占用额}$$

式中，产品销售收入代表流动资金的总周转额。

由于产品销售收入中包括了税金和利润，这在一定程度上掩盖了资金周转的实际情况，因此有人提出用销售成本作为资金周转总额，但在实际工作中由于销售收入资料容易取得，且利税比重不大，故一般仍采用产品销售收入计算。算式中的分母，亦称流动资金平均余额，应注意必须用相应时期的平均数额。工业流动资金的周转次数既可以就定额流动资金计算，也可以按全部流动资金计算。在实际工作中，一般以定额流动资金计算为主。

【工业流动资金周转天数】

反映工业流动资金周转速度、说明流动资金利用情况的一个指标。是指在一定时期内工业流动资金周转一次平均所需要的天数。计算公式为

$$\text{工业流动资金周转天数}=\frac{\text{报告期日历天数}}{\text{报告期流动资金周转次数}}=\frac{\text{流动资金平均占用额}\times\text{日历天数}}{\text{产品销售收入}}$$

式中的分子和分母需要用同一时期的资料。计算周转天数时，报告期的日历天数，月度按 30 天计算，季度按 90 天计算，年度按 360 天计算。工业流动资金周转天数，既可以按定额流动资金计算，也可以按全部流动资金计算，在实际工作中一般以定额流动资金计算为主。

工业流动资金周转天数是表明流动资金利用好坏的重要指标。周转天数越少，说明流动资金周转速度越快，企业的流动资金利用情况越好。为了评价报告期流动资金周转速度，可计算流动资金周转速度加速率，一般按周转天数计算，其公式为

$$\text{流动资金周转天数加速度}=100\%-\frac{\text{报告期流动资金周转天数}}{\text{基期流动资金周转天数}}\times100\%$$

计算结果如是正数，说明报告期流动资金周转天数比基期周转天数加快的程度；如是负数，则说明流动资金周转天数延缓的程度。

【产值流动资金率】

简称产值资金率，又称每百元产值占用流动资金额，是流动资金平均占用额与工业总产值的比率。反映流动资金利用情况的一个指标。其计算公式为

$$产值流动资金率=\frac{流动资金平均占用额(元)}{全年工业总产值(百元)}\times100\%$$

可见，在其他条件不变的情况下，流动资金利用得越充分，生产每单位产品所占用的流动资金就越少。

计算和应用这个指标，要注意以下几个问题：

(1) 计划中规定每百元产值占用流动资金额是按年表示的。为了便于对比，在计算月度或季度的产值资金率时也要把工业总产值化为年度的量来表示。

$$月度产值资金率=\frac{月度流动资金平均占用额(元)}{全月工业总产值(百元)\times12}\times100\%$$

$$季度产值资金率=\frac{季度流动资金平均占用额(元)}{全季工业总产值(百元)\times4}\times100\%$$

$$\begin{matrix}年初至本月止\\产值资金率\end{matrix}=\frac{年初至本月止流动资金平均占用额(元)}{年初至本月止累计工业总产值(百元)\times\dfrac{12}{年初至本月止月份数}}\times100\%$$

(2) 流动资金占用额一定要用反映整个时期一般水平的平均占用额。

(3) 根据不同的研究目的，产值资金率的分子既可用定额流动资金，也可用全部流动资金。

(4) 产值资金率既受企业生产技术特点的影响，又受工业总产值特点的影响。在利用这个指标分析问题时必须注意产品品种构成的变化。

【工业产品销售利润】

工业企业在一定时期内销售工业产品所获得的利润，是企业利润

总额的主要构成部分。计算公式为

产品销售利润＝产品销售收入－(已销售产品的总成本＋产品销售费用)－产品销售税金－技术转让费

式中，已销售产品的总成本是指本期已经出售的产品的总成本；产品销售费用是指为出售产品而支付的费用；技术转让费是指按产量或利润提取的技术转让费，不包括计入成本的技术转让费。

【工业企业利润总额】

企业在一定时期内获得的全部利润。计算公式为

利润总额＝产品销售利润＋其他销售利润＋(营业外收入－营业外支出)－资源税

式中，产品销售利润是指企业出售工业产品所获得的利润；其他销售利润是指企业销售外购材料、提供运输劳务、出租包装物等非工业生产活动所获得的利润。用下式计算

其他销售利润＝其他销售收入－其他已销售的产品和劳务的总成本－其他销售应负担的销售费－其他销售的销售税金

营业外收入是指与企业生产经营活动无直接关系的一些纯收入。如固定资产的变价收入、固定资产的出租收入、生产服务部门的收入等。

营业外支出是指企业的一些正当的、必须开支，但又不允许计入产品成本的费用。营业外支出净额可以冲减利润。国家规定了营业外支出的范围，企业必须严格遵守。

资源税是指企业已销售产品应缴纳的资源税。这是对从事原油、天然气、煤炭、金属矿产品和其他非金属矿产品资源开发的工业企业，按照规定缴纳的占用国家自然资源的一种税。土地占用税也是一种资源税，这是向所有企业征收的一种税。资源税是在缴纳销售税后，计算利润总额前缴纳的，应从利润总额中扣除。

$$应纳资源税=\sum(产品销售收入\times资源税适应税率)$$

【资金利税率】

一定时期内已实现的利税总额与全部资金平均占用额之间的比率，表明每单位（通常是每百元）资金所提供的利税额。计算公式为

$$资金利税率=\frac{利润总额+税金}{固定资产净值平均余额+流动资产平均余额}\times 100\%$$

资金利税率是评价部门和企业生产经营活动的一个综合性指标。若设 m 为已实现的利税总额；Z 为全部资金占用；L 为劳动力年平均人数；Q 为现价总产值；V 为活劳动消耗；M 为应得的利税总额；$V+M$ 为现价净产值，则资金利税率可分解为

$$资金利税率\left(\frac{m}{Z}\right)=资金劳动力密度\left(\frac{L}{Z}\right)\times 按总产值计算的劳产率\left(\frac{Q}{L}\right)\times 净产值率\left(\frac{L+m}{Q}\right)\times 应得利税占净产值比重\left(\frac{M}{V+M}\right)\times 利税实现系数\left(\frac{m}{M}\right)$$

式中，资金劳动力密度 $\frac{L}{Z}$，表示每单位占用资金所容纳的劳动者人数，是劳动力装配程度的倒数指标。

从分解式可知，资金利税率的高低受多种因素的综合影响。要提高资金利税率，必须从整个生产经营活动的全过程来考虑。

【利润率】

各种利润率指标的总称，是表明工业企业或工业部门盈利水平和盈利程度，反映其生产经营活动经济效果的一种基本指标。常用的利润率指标有：资金利润率、成本利润率、销售利润率、产值利润率等。

资金利润率是一定时期内的利润总额与资金占用的比率。计算公式为

$$资金利润率=\frac{利润总额}{固定资产平均原值+定额流动资金平均占用额}\times 100\%$$

该指标从资金占用角度考察其盈利水平，表明每单位（通常是百元）资金所获得的利润额，是反映资金利用状况的经济效果指标，具

有较高的综合程度。

成本利润率，是一定时期的产品销售利润与产品销售成本的比率。计算公式为

$$成本利润率=\frac{产品销售利润}{产品销售成本}\times 100\%$$

该指标从生产经营活动中的全部劳动（活劳动和物化劳动）耗费角度考察其盈利程度，反映了劳动耗费的经济效果。由于在价格和税金不变的情况下，成本越低利润越大，具有反向关系，因而该指标不仅综合性强，且灵敏度高。

销售利润率是一定时期内产品销售利润与产品销售收入的比率。计算公式为

$$销售利润率=\frac{产品销售利润}{产品销售收入}\times 100\%$$

该指标联系销售成果考察其盈利程度，表明每单位的销售收入可获得的利润。在价格、税金不变的条件下，该指标主要受销售成本的影响，因而也是一个反映生产经营活动经济效果的综合性指标。

产值利润率是一定时期内产品销售利润与工业总产值的比率。计算公式为

$$产值利润率=\frac{产品销售利润}{工业总产值或工业净产值}\times 100\%$$

该指标联系生产成果考察其盈利程度，表明每单位的生产总成果或净成果所获得的利润。但由于该指标是用同期利润和产值相比，而生产成果从生产出来到实现销售往往存在时间差，因此，该指标在反映报告期产值的盈利程度上不够确切。

利润率指标除上述诸指标外，还有从其他角度计算的指标，如工资利润率、投资利润率等，各有其自身的意义和作用，应结合具体的研究目的加以应用。

【工业经济效益评价考核体系】

该评价考核体系指标的选择和设置，主要从反映企业盈利能力、发展能力、偿债能力、营运能力、产出效率、产销衔接状况六个方面考虑，形成了由总资产贡献率、资本保值增值率、资产负债率、流动资产周转率、成本费用利润率、全员劳动生产率、产品销售率七项指标组成的指标体系。

1. 七项指标的内容及计算公式（基于月度考核时）

（1）总资产贡献率。该指标反映企业全部资产的获利能力，是企业经营业绩和管理水平的集中体现，是评价和考核企业盈利能力的核心指标。计算公式为

$$\text{总资产贡献率}=\frac{\text{利润总额}+\text{税金总额}+\text{利息支出}}{\text{平均资产总额}}\times\frac{12}{\text{累计月数}}\times 100\%$$

式中，税金总额为产品销售税金及附加与应交增值税之和；平均资产总额为期初期末资产总计的算术平均值。

（2）资本保值增值率。该指标反映企业净资产的变动状况，是企业发展能力的集中体现。计算公式为

$$\text{资本保值增值率}=\frac{\text{报告期期末所有者权益}}{\text{上年同期期末所有者权益}}\times 100\%$$

所有者权益等于资产总计减负债总计。

（3）资产负债率。该指标既反映企业经营风险的大小，也反映企业利用债权人提供的资金从事经营活动的能力。计算公式为

$$\text{资产负债率}=\frac{\text{负债总额}}{\text{资产总额}}\times 100\%$$

资产及负债均为报告期期末数。

（4）流动资产周转率。指一定时期内流动资产完成的周转次数，反映投入工业企业流动资金的周转速度。计算公式为

$$\text{流动资产周转率}=\frac{\text{销售收入}}{\text{流动资产平均余额}}\times\frac{12}{\text{累计月数}}$$

（5）成本费用利润率。反映工业投入的生产成本及费用的经济效益，同时也反映企业降低成本所取得的经济效益。计算公式为

$$成本费用利润率=\frac{利润总额}{成本费用总额}\times 100\%$$

式中，成本费用总额为产品营业成本、营业税金及附加、销售费用、管理费用、财务费用之和。

（6）全员劳动生产率（元/人）。该指标反映企业的生产效率和劳动投入的经济效益。计算公式为

$$全员劳动生产率(元/人)=\frac{工业增加值}{全部职工平均人数}\times\frac{12}{累计月数}\times 10000$$

由于工业增加值是按现行价格计算的，而职工人数不含价格因素，因此应将增加值价格因素予以消除。具体方法可采用总产值价格变动系数消除价格影响。

（7）产品销售率。该指标反映工业产品已实现销售的程度，是分析工业产销衔接情况、研究工业产品满足社会需求的指标。计算公式为

$$产品销售率=\frac{工业销售产值}{工业总产值(现价)}\times 100\%$$

2. 各项指标的权数及标准值

权数是根据上述各项指标在综合经济效益中的重要程度，由专家调查法确定的。其中：总资产贡献率 20，资本保值增值率 16，资产负债率 12，流动资产周转率 15，成本费用利润率 14，全员劳动生产率 10，产品销售率 13。

各项指标的标准值，其数值分别为：总资产贡献率 10.7%，资本保值增值率 120%，资产负债率小于等于 60%，流动资产周转率 1.52 次，成本费用利润率 3.71%，全员劳动生产率 16500 元/人，产品销售率 96%。

3. 工业经济效益综合指数

该指数是衡量工业经济效益各个方面在数量上总体水平的一种特殊相对数，是反映工业经济运行质量的综合指标。它是以每项指标的实际值分别除以该项指标的全国标准值，并乘以其权数，加总后再除以总权数而求得。工业经济效益综合指数的计算公式为

$$\text{工业经济效益综合指数}=\sum\frac{\frac{\text{某项指标报告期数值}}{\text{该指标全国标准值}}\times\text{该项指标权数}}{\text{总权数}}$$

由于资产负债率为逆指标，在计算综合指数时需分别处理。如果指标值小于等于60%，即可得权数分12分；如果指标值大于60%，其得分按下面公式计算，即

$$\frac{\text{指标值}-\text{不允许值}\ 100}{60-\text{不允许值}\ 100}\times 12$$

【投入产出分析指标】

(1) 全员劳动生产率（元/人）$=\frac{\text{工业增加值}}{\text{全部职工平均人数}}\times\frac{12}{\text{累计月数}}\times 10000$

(2) 资产生产率（%）$=\frac{\text{工业增加值}}{\text{平均资产总额}}\times\frac{12}{\text{累计月数}}\times 100\%$

(3) 综合生产率（%）$=\frac{\text{工业增加值}}{\text{劳动报酬}+\text{资产总额}}\times\frac{12}{\text{累计月数}}\times 100\%$

(4) 固定资产盈利率（%）$=\frac{\text{利润总额}}{\text{固定资产原值平均余额}}\times 100\%$

(5) 成本费用利润率（%）$=\frac{\text{利润总额}}{\text{成本费用总额}}\times 100\%$

成本费用总额=主营业务成本+主营业务税金及附加+销售费用+管理费用+财务费用

(6) 人均利润率（元/人）$=\frac{\text{利润总额}}{\text{全部职工平均人数}}\times\frac{12}{\text{累计月数}}$

$\times 10000$

(7) 总资产贡献率（%）$=\dfrac{\text{利润总额}+\text{税金总额}+\text{利息支出}}{\text{平均资产总额}}\times\dfrac{12}{\text{累计月数}}\times 100\%$

(8) 所有者权益报酬率（%）$=\dfrac{\text{净利润}}{\text{所有者权益平均余额}}\times\dfrac{12}{\text{累计月数}}\times 100\%$

【债务风险分析指标】

(1) 资产负债率（%）$=\dfrac{\text{负债总额}}{\text{资产总额}}\times 100\%$

(2) 已获利息倍数 $=\dfrac{\text{息税前利润总额}}{\text{利息支出}}$

息税前利润总额＝利润总额＋利息支出

(3) 流动比率（%）$=\dfrac{\text{流动资产}}{\text{流动负债}}\times 100\%$

(4) 速动比率（%）$=\dfrac{\text{速动资产}}{\text{流动负债}}\times 100\%$

$=\dfrac{\text{流动资产}-\text{存货}}{\text{流动负债}}\times 100\%$

速动资产＝流动资产－存货

(5) 现金比率（%）$=\dfrac{\text{现金}+\text{有价证券}}{\text{流动负债}}\times 100\%$

(6) 产权比率（%）$=\dfrac{\text{负债总额}}{\text{所有者权益}}\times 100\%$

(7) 权益乘数 $=\dfrac{\text{资产总额}}{\text{所有者权益}}$

(8) 现金流动负债比率 $=\dfrac{\text{经营现金净流量}}{\text{流动负债}}\times 100\%$

(9) 带息负债比率$=\dfrac{\text{带息负债总额}}{\text{负债总额}}\times100\%$

(10) 或有负债比率$=\dfrac{\text{或有负债总额}}{\text{所有者权益}}\times100\%$

【资产质量分析指标】

(1) 总资产周转率（次）$=\dfrac{\text{主营业务收入净额}}{\text{平均资产总额}}$

(2) 应收账款周转率（次）$=\dfrac{\text{主营业务收入净额}}{\text{平均应收账款余额}}$

(3) 存货周转率（次）$=\dfrac{\text{主营业务成本}}{\text{存货平均余额}}$

(4) 流动资产周转率（次）$=\dfrac{\text{主营业务收入净额}}{\text{平均流动资产余额}}$

(5) 资产现金回收率$=\dfrac{\text{经营现金净流量}}{\text{平均资产总额}}\times100\%$

(6) 不良资产比率$=\dfrac{\text{年末不良资产总额}}{\text{年末资产总额}}\times100\%$

【盈利能力分析指标】

(1) 净资产收益率$=\dfrac{\text{净利润}}{\text{平均净资产}}\times100\%$

(2) 总资产报酬率（%）$=\dfrac{\text{息税前利润总额}}{\text{平均资产总额}}\times100\%$

$$=\dfrac{\text{利润总额}+\text{利息支出}}{\text{平均资产总额}}\times100\%$$

(3) 主营业务利润率$=\dfrac{\text{主营业务利润}}{\text{主营业务收入净额}}\times100\%$

(4) 盈余现金保障倍数$=\dfrac{\text{经营现金净流量}}{\text{净利润}}$

(5) 成本费用利润率（%）$=\dfrac{\text{利润总额}}{\text{成本费用总额}}\times100\%$

$$成本费用总额=主营业务成本+主营业务税金及附加+销售费用+管理费用+财务费用$$

(6) 资本收益率$=\frac{净利润}{实收资本}\times100\%$

【发展能力分析指标】

(1) 主营业务收入增长率$=\frac{本年主营业务收入增长额}{上年主营业务收入总额}\times100\%$

(2) 资本保值增值率$=\frac{扣除客观因素后的年末所有者权益}{年初所有者权益}\times100\%$

(3) 营业利润增长率$=\frac{本年营业利润增长额}{上年营业利润总额}\times100\%$

(4) 总资产增长率$=\frac{本年资产增长额}{年初资产总额}\times100\%$

(5) 资本积累率$=\frac{本年所有者权益增长额}{年初所有者权益}\times100\%$

(6) 技术投入比率$=\frac{当年技术转让费支出与研发投入}{当年主营业务收入净额}\times100\%$

(四) 固定资产投资统计

【固定资产投资统计的研究对象】

固定资产投资统计的研究对象，是研究发生在建造和购置固定资产全过程经济活动的数量表现。固定资产建造大体上包括四个阶段：一是建造前期工作，也就是建设准备阶段，包括厂址的选择、可行性研究、勘察设计工作、计划审批，以及建设前其他必需的准备工作；二是建筑施工阶段，也就是当建设项目已经确定，从开工到建成投产前的建筑安装施工阶段，包括土地平整、厂房建造、设备安装等工作；三是竣工投产阶段，也就是从建设项目按照设计要求，包括工程已经建设完毕，经过验收证明工程合格，包括联合负荷试车、经一定组织的验收鉴定，证明工程确实已经达到竣工标准，并办理了正式验收手续或移交手续等；四是投资的回收阶段，固定资产投资的目的不仅仅是支出资金，而且要从建设成果中收回支出的资金，即所建项目从建成投产之后，其所提供的利润、税金等，等于投资支出的时间，只有到了这个时间，投资的全部活动才算完成。

固定资产投资统计的研究对象就是指从开始耗用投资到投资回收为止，全部经济活动中的数量表现。必须注意一个问题：固定资产投资与投资是两个不同范畴的概念，固定资产投资不包括流动资产投资；而通常所说的投资不仅指固定资产投资，还包括流动资产投资。

【固定资产投资统计】

反映固定资产投资经济活动的一种经济统计，是国民经济各行业固定资产再生产经济活动的统计，具体包括三种性质的建设项目统计：一是以新建、扩建为主的基本建设项目；二是以改建、技术改造和更新为主的更新改造项目；三是其他固定资产投资项目。上述三种性质的建设项目，无论是全民所有制的、城镇集体所有制的或是私人的都应当纳入固定资产投资统计。

【基本建设投资统计】

基本建设是指以扩大生产能力或工程效益为主要目的的新建、扩建工程及有关工作。基本建设的资金来源主要是国家预算内基建拨款、贷款及专门资金，部门、地方和企业自筹投资，以及国外资金等。国家有关部门规定基本建设工程内容包括：（1）为加速经济建设、科学技术和社会发展而平地起家的新建项目，如筹建工厂、矿山、铁路、医院、学校等。（2）为扩大生产能力或工程效益在现有企业中增建分厂、主要生产车间、矿井、铁路干支线复线、码头泊位等扩建项目。（3）为改变生产力布局而进行的全厂性迁建的项目。（4）遭受各种灾害，损坏严重，需要重建整个企业、事业单位的恢复性项目。（5）没有折旧基金或固定收入的行政、事业单位增建业务用房和职工宿舍等生活福利设施的建设项目。(6) 用基本建设计划内投资和更新改造计划内投资结合安排的新增项目或新增生产能力或工程效益达到大中型标准的扩建项目。

【更新改造投资统计】

对现有企业、事业单位的原有设施进行固定资产更新和技术改造，以及相应配套的辅助性生产、生活福利设施等工程和有关工作的建设所进行的统计。更新改造的目的是在技术进步的前提下，通过采用新技术、新工艺、新设备、新材料，提高产品质量，增加花色品种，促进产品升级换代，降低能源和原材料消耗，加强资源综合利用和污染治理等，提高社会综合经济效益和实现以内涵为主的扩大再生产。

更新改造工程的主要内容包括：(1) 为了挖掘国民经济各部门的潜力，提高综合经济效益，对现有企业、事业单位原有车间、生产线的工艺、工程设施和技术设备进行技术改造或设备、建筑物的更新，以及相应的配套设施的更新。(2) 为了改善原有交通运输设施、港口码头的运输条件，提高运输、装卸能力，而进行的更新改造工程。(3) 为了节约能源和原材料，治理“三废”污染或综合利用原材料而对现有企业、事业单位进行的技术改造工程。(4) 为了防止职业病和人身事故，对现有建筑和技术设备采取的劳动安全保护措施。(5) 城市现有供热、供气、供排水和道路、桥梁等市政设施的改造工程。(6) 现有企业、事业单位由于城市环境保护和安全生产的需要而进行的迁建工程。(7) 用更新改造计划内投资与基本建设计划内投资结合安排的对企业、事业单位原有设施进行技术改造或更新的项目，和增建主要生产车间、分厂等新增生产能力或工程效益尚未达到大中型标准的项目。

【其他固定资产投资统计】

对按照国家规定不纳入基本建设和更新改造计划管理的全民所有制单位的其他固定资产投资所进行的统计。这些投资主要是用以维持简单再生产资金安排的工程、简易建筑等。

【固定资产投资统计必须遵循的统计原则】

固定资产投资统计必须遵循以下四条原则：第一，如实反映情况的原则。不论投资来自什么渠道，不管工程建设是否列入投资计划，只要性质属于固定资产投资，就应当纳入固定资产投资统计。第二，建设项目不可“肢解”的原则。固定资产投资的最终结果就是建成各种用途的建设项目，建设项目相当于工农业生产的最终产品，但是在实际工作中每个建设项目的资金来源渠道，却是多种多样的，多种渠道资金合建一个建设项目，在统计时必须以建设项目为总体，全面反映建设项目情况，绝不能把一个完整建设项目按照不同渠道资金“肢解”，分开为若干个建设项目统计。只有这样才能全面反映建设项目全貌和成就，如新增生产能力或工程效益，否则就不能确切反映建设成果。第三，按照工作量统计投资款的原则。即投资额在哪里实现就应当在哪里统计，投资必须跟工作量走。另外，投资额是指已构成工程实体的工作量，未构成实体的资金支出，如购置材料、订购设备等少数不应计入投资额。第四，在贯彻上述三条原则的前提下，保持统计数字与计划必须对口的原则。投资额总数必须如实反映情况，有多少就统计多少，在根据统计数字反映计划完成程度时，可以适当剔除未纳入计划的投资完成额。

【建设项目】

亦称建设单位。固定资产投资的最基层单位称之为建设项目。根据固定资产投资的内容不同，建设项目分三种：基本建设项目、更新改造项目和其他固定资产投资项目。基本建设项目，又称基本建设单位。一般是指经批准包括在一个总体设计或初步设计范围内进行建设，经济上实行统一核算，行政上有独立组织形式，实行统一管理的基本建设单位。通常以一个企业、事业、行政单位或独立工程作为一个基本建设项目。基本建设项目一般由设计文件规定以若干个有内在联系的单项工程所组成，如纺织项目是由纺纱、织布、印染等车间（单项工程）组成；钢铁厂项目是由炼铁车间、炼钢车间或者轧钢车间所组成。分期建设的建设项目，每一期有一个独立的总体设计，当第一期工程接近收尾，二期工程已经开始，在这种情况下，建设单位是一个，但建设项目已复成两个。更新改造项目是指经批准具有独立设计文件（或项目建议书）的更新改造工程，或企业、事业单位及其主管部门制定的更新改造计划方案中能独立发挥效益的工程。一般讲更新改造项目是工程的概念，一个进行更新改造的企业或事业单位可以及时进行若干个更新改造项目施工，更新改造企业或事业单位相当于基建项目，更新改造项目相当于基建项目中的单项工程。其他固定资产投资项目是指进行其他固定资产投资的企业、事业单位。

【施工项目】

报告期内进行过建筑或安装施工活动的项目。凡是在报告期施过工的建设项目，不论施工时间长短，也不论是否列入固定资产投资计划，只要是固定资产投资性质的建设项目，均应包括。统计施工项目个数的作用，一是从一个侧面反映建设规模的大小和建设期限的长短；另一个是与同期建成投产的项目对比，反映建设效果实现的高低。

【全部建成投产项目和部分投产项目】

建成投产项目是指报告期内按设计文件规定建成立体工程和相应配套的辅助设施，形成生产能力或能发挥工程效益，经验收合格，并且已正式投入生产或交付使用的建设项目。建成投产项目分全部建成投产项目和部分投产项目。全部建成投产项目或交付使用项目，简称全投项目。

工业项目是指设计文件中规定的形成生产能力的工程已经部分建成，经负荷试运转，证明具备生产设计规定的一种或几种合格产品的条件，并经过验收鉴定合格或达到竣工验收标准，正式移交生产的建设项目。

非工业项目是指设计文件规定的主要的可独立发挥效益的工程已建成，能够发挥设计规定的部分工程效益，经验收鉴定合格或达到竣工验收标准，正式移交使用的建设项目。仅建成辅助附属设施，不能生产设计文件规定的产品的工业项目，或不能发挥设计文件规定的工程效益的非工业项目，不能作为部分建成投入生产或交付使用项目统计。

建成投产项目统计的目的是反映报告期建设成果的情况，检查投产项目计划执行情况，并作为投资效果的主要依据。

【全部竣工项目】

整个建设项目设计文件规定的生产性工程和非生产性工程全部建成，并已正式移交生产或使用部门的项目。全部竣工项目与全部建成投产或交付使用项目的主要区别是，全部投产项目只要求设计文件规定的生产车间或主体工程及其相应配套的辅助设施全部建成，形成设计文件规定的全部生产能力或效益，经验收鉴定合格，移交生产或使用部门，在不影响本单位近期正常生产或使用的前提下，允许留有少量收尾工程在投产以后继续施工。而全部竣工项目则要求设计文件规定的一切生产性工程和非生产性工程全部竣工，包括全部建成投产后遗留的收尾工程也需要全部竣工为止。全部竣工指建设项目的全部建设过程全部完结，也就是通常所说的“销号”“撤摊子”项目。

【建设性质】

一个建设项目或企业单位只能有一种建设性质。建设性质分为：新建、扩建、改建、迁建和恢复五种。只有购置活动，而无兴工动料施工活动的单位称之为单纯购置单位，不划分建设性质。

（1）新建。一般是指从无到有，“平地起家”新开始建设的单位，包括新建的企业、事业、行政单位，及新建输电线路、输油管道、铁路、公路、水库等独立工程等。（2）扩建。一般是指为扩大原有产品生产能力，在厂内或其他地点增建主要生产车间（或主要工程）、矿井、独立的生产线，或总厂下建立分厂的企业；事业单位和行政单位在原单位增建生产用房也作为扩建。（3）改建。一般是指现有企业、事业单位为了技术进步，提高产品质量，增加花色品种，促进产品升级换代，降低消耗和成本，加强资源综合利用和三废治理，及劳保安全等，采用新技术、新工艺、新设备、新材料等对现有设备、工艺条件等进行技术改造和更新（包括相应配备的辅助性生产、生活设施建设）。（4）迁建。是指为改变生产力布局或由于环境保护和安全生产的需要等原因而搬迁到另外地点建设的企业。（5）恢复。是指因自然灾害、战争等原因，使原有固定资产全部或部分报废，又投资建设进行恢复的单位。

【新开工项目】

报告期内新开工的建设项目。它是反映建设战线扩大情况的重要标志，对研究建设规模，控制投资规模都有重要作用。新开工是指正式开工的建设项目。正式开工是指建设项目设计文件中规定的任何一项永久性工程（无论是生产性工程，还是非生产性工程）第一次正式破土开槽开始施工的日期。不需要刨槽的工程，可以建筑物组成部分的正式打桩作为正式开工，没有土建施工的工程建设，以安装工程开工作为正式开工。工程地质勘察、平整土地、旧有建筑物的拆除，临时建筑施工用临时道路、水、电等施工的，不算正式开工。

【固定资产投资额】

以货币表现的建造和购置固定资产的工作量，以及与此相关的费用总称。通过固定资产投资额既可以观察建设规模，又可以观察投资结构和比例，还可以利用投资额与相关的建设成果指标对比观察投资效果。固定资产投资额是固定资产投资统计的核心指标。

【固定资产投资构成】

固定资产投资按其工作内容和实现方式分为建筑工程、机械设备安装工程，设备、工具、器具购置，其他费用四个部分。

1. 建筑工程

是指各种房屋、构筑物的建造工程，这部分工作的实现必须经过兴工动料，故又称建筑工程量。其主要内容有：(1) 各种房屋建造工程，包括厂房、仓库、办公室、住宅、商店、学校、医院、俱乐部、食堂、车库、招待所等房屋建造工程。(2) 设备基础、支柱、操作平台、梯子、烟囱、凉水塔、水池、灰塔等建筑工程，炼焦炉、蒸气炉等各种窑炉的砌筑工程、金属结构工程。(3) 为施工而进行的建筑场地布置，工程地质勘探，原有建筑物和障碍物的拆除，平整土地，施工临时用水、电、气、道路工程，以及完工后建筑场地的清理、环境绿化等工程。(4) 矿井的开凿，井巷掘进延伸，露天矿的剥离，石油、天然气钻井工程，以及铁路、公路、桥梁工程。(5) 水利工程，如水库、堤坝、灌渠等工程。(6) 地下室建筑等特殊工程。

2. 机械设备安装工程

是指各种设备、装置的安装工程。这部分工程的实现也需要兴工动料，故也称安装工作量。在安装工作量中不包括被安装的设备和装置本身的价值，其主要内容有：(1) 生产、动力、起重、运输、传动和医疗、实验等各种需要安装设备的装配，与设备相连接的工作台、梯子、栏杆等装设工程，以及附属于被安装设备的管线敷设工程，被安装设备的绝缘、防腐、保温、油漆等工作。(2) 为测定安装工程质量，对单个设备、系统设备进行单机试运行和系统单元负荷试验工作(不包括投料运转)。

3. 设备、工具、器具购置

是指将工业生产的作为劳动工具的产品转化为固定资产的购置活动。凡是建设单位或企业购置或自制的达到固定资产标准的设备、工具、器具的价值，都计入设备、工具、器具购置投资额内。其主要内容包括：(1) 设备指各种生产设备、传导设备、动力设备、运输设备等。设备又可分为需安装设备和不需要安装设备两种。需安装设备是指必须将其整体或几个部位装配起来，安装在基础上或建筑物支架上才能使用的设备，如轧钢机、发电机等。不需要安装设备指不必固定在一定位置或支架上就可以使用的各种设备，如电焊机、叉车、汽车等。(2) 工具、器具。指具有独立用途的各种生产用具、工作工具和仪器，如生产和维修用的切削工具、压延工具等。

4. 其他费用

是指除建筑工程，安装工程和设备、工具、器具购置外的构成投资完成额的各种费用。主要包括：农林建设单位牲畜购置费，各种经济林木的营造费，办公和生活家具、器具购置费，土地、青苗等补偿费和安置补助费，建设单位管理费，研究试验费，勘察设计费，联合试运转费，引进技术和进口设备项目的其他费用，生产职工培训费，施工机构转移费，农业开荒费用，报废工程损失费，供电贴费，矿山巷道维修费等。

【固定资产投资额计算方法】

建筑工程和机械设备安装工程是根据实际完成工作量计算的，设备是按照开始或购置入库计算的，其他费用是按实际发生数计算的。各项内容的计算方法如下：

1. 建筑安装工程投资完成额

是根据实际完成的分部分项工程实物量乘以预算单价计算出完成投资额的直接费部分，而后再加上依直接费或人工费的一定比例计算出的间接费部分，最后再加上固定比例的利润而求得。

直接费是指能够直接计入成本的各项费用，包括人工费、材料费、施工机械使用费和其他直接费。

间接费是指不能直接计入而采用分摊方法计入成本的费用，包括施工管理费和其他间接费。

建筑工程投资完成额＝$\sum$（实际完成实物量×预算单价）×

(1＋间接费率)＋(1＋计划利润率)

机械设备安装工程投资完成额＝$\sum$[(实际完成实物量×预算单价)＋(人工费×间接费率)]×(1＋计划利润率)

2. 设备、工具、器具购置投资完成额

购置投资完成额对需要安装设备和其他设备、工具、器具分别计算。(1) 需安装设备购置。在设备正式开始安装以后才能计算投资完成额。所谓正式开始安装必须具备以下三个条件：设备的基础或支架已经完成；安装的设备所必需的图纸资料已具备；按照正常的施工程序，设备已运至现场，开箱检验完毕，吊装就位并继续进行安装。符合这三个条件的设备，其设备购置投资方可计入投资完成额。大型联动设备，因施工期长，可以按照开始安装条件分段计算投资完成额。施工单位为建设单位加工制造的和建设单位自制的非标准设备，应在设备制造完成，并吊装就位正式开始安装后，才能计算投资完成额。(2) 不需要安装设备、工具、器具投资完成额，应在设备、工具、器具运到建设单位的仓库或指定地点，经验收合格后，即可计算投资完成额。备品备件的投资完成额应在到货就位验收合格后，根据实际到货数量计算。

3. 其他费用投资完成额

一般按财务实际支出数计算。

【国家预算内资金】

国家预算内的基本建设拨款和“拨改贷”资金。国家预算内拨款包括中央财政中的基本建设拨款和地方财政中由国家统筹安排的基本建设拨款，以及中央财政安排的专项拨款中用于基本建设的资金。

【新增生产能力（或工程效益）】

通过固定资产投资活动而新增加的设计能力或工程效益。它是用实物形态表现的固定资产投资成果的指标，反映一定时期内各地区、各部门、各单位通过固定资产投资向社会提供的各种工程的使用价值数量，是检查固定资产投资计划完成情况，考核投资经济效果的重要根据之一，对国家进行综合平衡，安排国民经济和社会发展的有关计划，也具有重要意义。

新增生产能力是以能独立发挥生产能力或工程效益的单项工程或建设项目及更新改造项目为对象计算的。当单项工程或更新改造项目及其相配套设施建成，具备正常生产或正常使用条件，经有关部门验收鉴定合格，正式投入生产或交付使用，即可计算新增生产能力或工程效益。

新增生产能力的数量，原则上应按工程的设计（或计划）能力计算，但以建筑物容积、面积或长度表示的新增工程效益，应按实际建成数量计算。

新增生产能力或工程效益应按国家统一规定的四种形式表示：（1）按建设项目或单项工程在单位时间内所能生产的产品数量表示。（2）以建设项目或单项工程在单位时间内所能处理的原料数量表示。（3）以新增主要设备的数量或容积表示。（4）非工业部门新增工程效益，一般用建筑物容积、容量、面积、长度表示。

【新增固定资产】

又称交付使用固定资产。通过投资活动所形成的新增固定资产。包括已建成投入生产或交付使用的工程和达到固定资产标准的设备、工具、器具的投资以及有关应摊入的费用。它是用价值形态表示的建设成果的综合性指标，是综合计算不同时期的不同部门、不同地区固定资产投资效果的数据。新增固定资产对国民经济发展速度和技术进步有很大影响。把本期新增固定资产、本期投资完成额与期初期末在建工程占用投资联系起来，对于合理安排投资规模、加快建设进度，提高投资效果，都有重要意义。

新增固定资产的计算对象是单项工程。计算新增固定资产所需具备的条件与计算新增生产能力或工程效益的条件也是相同的。只是列入报告期新增固定资产范围可能比列入新增生产能力或工程效益的范围要广，这是因为有些工程竣工之后并不增加生产能力或工程效益，如工业建设中的附属辅助生产车间，工业和其他部门建设的某些非生产性建设，都无法用新增生产能力或工程效益表现它的建设成果，但是可以用价值反映，也就是用新增固定资产表现其建设成果。

新增固定资产的计算价格与投资额的计算价格是一致的，但是包括范围有时是不一致的。新增固定资产价值是指一个单项工程从开工到建成投产的全部价值，如果一个单项工程施工期跨 3 年，那么其新增固定资产价值就是 3 年累计完成价值，而投资额都是指从建造期开始至报告期终止时的完成价值，如年完成投资额就是指从 1 月 1 日至报告期终止之日的完成价值。

【“三同时”】

工业建设中对工厂建设产生的“废气”“废水”和“废渣”（通称“三废”）进行处理的设施同时建成投产。为了保证环境卫生，现行制度规定，计算新增生产能力时，还须待“三废治理和环境保护工程同时建成移交生产之后”方可计算，通常将这项规定简称为“三同时”。

【占地面积】

是指单位在报告期末实际拥有的土地面积，包括建筑物的占地面积和尚未建设使用的土地面积。按用途可分为科研生产用占地面积和非科研生产用占地面积。按土地使用权可分为单位自有的占地面积和租用的占地面积。

土地使用权是指单位或个人依法或依约定，对国有土地或集体土地所享有的占有、使用、收益和有限处分的权利。各单位以土地使用权为依据对本单位实际占用的土地面积进行统计，包括本单位实有的土地面积以及租入或借用的土地面积。但不包括本单位向外单位租出和借出的土地面积。

科研生产用占地面积是指本单位用于生产、经营、科研、教学（专业教学单位）等方面的占地面积。

【房屋建筑面积】

是指房屋平面占用的建筑面积，多层建筑面积指各层平面面积之和。房屋建筑是固定资产的重要组成部分，房屋建筑面积的实物形态是反映建设规模和建设成果的重要指标之一，也是检查工程形象进度，考核投资效果，研究施工任务与施工力量和建筑材料之间平衡情况的一项重要依据。不同结构、不同用途房屋建筑面积的增长，在一定程度上反映了国民经济的发展和人们物质文化生活水平提高。

房屋建筑面积从外墙线算起，包括可供使用的有效面积、墙柱结构占用面积，不包括天井、室外楼梯等占用面积。旧房加层和改建，只计算增加的面积，旧房拆除重建，应计算全部面积，即不扣除拆除面积。临时性房屋不计算建筑面积。

【有效面积、使用面积与居住面积】

有效面积指房屋建筑面积中扣除房屋结构（外墙、隔壁、柱等）所占用面积后的面积。使用面积指住宅的有效面积扣除公用面积如通道、垃圾道、电梯井等以后，可供住户使用的按内墙线计算的房屋面积。居住面积指住宅的使用面积中专供居住使用的房屋面积，不包括客厅、厨房、浴室、卫生间、储藏室以及各室之间的走廊等辅助设施的面积，它是按居住用房的内墙线计算的面积。

【固定资产投资经济效果】

固定资产投资活动所取得有效成果与所消耗或所占用劳动量之间的对比关系。即固定资产投资的“所得”与“所费”或产出与投入之间的对比关系。讲求投资效果就是要求固定资产投资活动要用尽量少的劳动消耗和劳动占用，取得更多的符合社会需要的有效成果。

反映投资效果的方法有三种：一是衡量劳动消耗程度的投资效果

指标，指将劳动成果与相应的劳动消耗联系对比，如单位生产能力投资、平均单位综合生产能力投资、投资回收年限等；二是衡量劳动占用程度的经济效果指标，指将劳动成果与相应的劳动占用联系对比，说明投资效果，如单位生产能力占用在建工程投资，单位新增固定资产占用在建工程投资，单位交付使用财产占用基建资金等；三是衡量建设快慢程度的投资经济效果统计指标，指用建设时间长短反映投资效果的统计指标，建设时间长也就意味着投资占用时间长、效果低。相应的建设时间缩短，也就意味着效果高。属于这类的指标有建设项目建设工期、建成投产项目与施工建设项目的比较、固定资产交付使用率等。

（五）建筑业统计

【建筑业统计】

建筑业是一个独立的物质生产部门。国际上称之为三大支柱产业之一。建筑业的主要任务是：第一，向国家各个部门、社会提供建筑产品，包括各种用途的房屋和构筑物以及机械设备的安装成果。第二，提供从事建筑安装工程必不可少的勘察设计文件。第三，现有房屋、构筑物的修理，还包括非标准设备的制造工作。建筑业统计的研究对象就是指反映上述各项建筑产品的生产、经营和效果等经济活动的统计工作。

【建筑业统计的特点】

建筑业统计的特点是由建筑生产的特点所决定的，可概括为以下四点：第一，建筑产品的单一性，决定建筑业的统计核算必须以设计预（概）算为依据，没有全国统一的不变价格。第二，建筑产品的生产周期长，决定建筑产品核算必须以半成品、在制品为主要对象。第三，建筑产品的固定性，生产队伍的流动性，决定建筑产品的生产必须依靠建设单位和施工单位共同配合，投资统计和施工统计必须密切配合。第四，由于建筑产品时间长、耗资大、建成后长期使用，决定了建筑业统计中的工期统计、质量统计突出重要地位。

【勘察设计统计】

全社会各种所有制的独立和非独立的勘察设计机构所从事的勘察设计统计。勘察设计工作是指为进行建设而进行的技术资料的调查研究和编制工作，包括建设方案的提出，技术资料设计图纸的提出，以及建筑经济需要的设计预（概）算的编制工作等。勘察设计统计就是反映这方面完成情况的统计工作。勘察设计统计内容包括产值统计和产量统计。产值统计指标有总产值统计，产量统计指标有建设项目个数、设计建筑面积、图纸张数等。当前的勘察设计统计中还包括劳动工资统计指标、财务资金统计指标等。

【建筑施工统计】

建筑业统计的主要部分。它是由建筑施工企业和自营建设单位执行的专业统计。其内容包括建筑产品产值、产量统计，劳动工资统计，机械统计，财务资金统计，以及经济效益统计。

【建筑业统计范围】

是指研究发生在建筑领域内的一切经济现象，包括建设前期工作中的勘察设计工作和施工阶段的建筑施工工作，称之为“勘察设计业”和“建筑施工业”。其统计工作就叫勘察设计统计和建筑施工统计。

【建筑企业类型】

建筑施工企业和自营施工单位按照其施工专业类别划分为 7 种专业类型。

（1）综合性企业。指主要从事房屋建筑或专业土木建筑，兼营其他专业工程的施工企业或单位。

（2）专业土木建筑。指专门或主要从事铁路、公路、桥梁、港口、航道、水利、市政、上下水及道路等施工企业或单位。

(3) 房屋建筑。指专门或主要从事房屋建筑施工的企业或单位。

(4) 设备安装。指专门或主要从事机械设备安装的企业或单位。

(5) 矿山建设。指专门或主要从事矿山剥离和推进工程施工的企业或单位。

(6) 机械化施工公司。指专门从事承包机械施工的企业或单位。

(7) 其他。

【建筑产品的产量统计】

以实物数量反映建筑产品生产规模、速度和效果的统计。目前建筑业统计制度中的产量统计有 4 种形式：一是实物量统计，也就是用建筑产品的物理计算单位反映建筑产品的统计方法，如土方、石方、混凝土方等，可以一目了然地表现建筑工程量；二是工程形象进度统计，也就是以实物工程量为基础，结合简要文字说明工程的形象进度情况；三是房屋建筑面积统计，也是一种实物量统计，专门以房屋建筑面积反映房屋建筑的规模，建设速度和建设效果；四是单位工程个数，以施工和建成投产单位工程个数反映建设规模、建设成果和效果。

【建筑产品产值统计】

用货币表现建筑产品价值量的统计，分为建筑业总产值统计、建筑业净产值统计、建筑业增加值统计、建筑业竣工产值统计，以及建筑企业总产价值统计 5 种。5 种产值统计中建筑业竣工产值统计属于建筑产成品统计，其余 4 种产值都是按建筑半成品、在制品价值统计的。因此，建筑业产值统计基本上是指尚不具备完整使用价值的产品价值。但是结合建筑业生产特点的产值统计则占据重要地位。

【建筑业总产值及其计算方法】

以货币表现的建筑施工单位建筑安装施工生产活动的最终成品或半成品、在制品的总量指标。计算建筑业总产值的作用：一是用以全面反映施工规模、速度、经营成果的重要标志；二是用以计算建筑经济效益、劳动生产率等经济技术指标的依据；三是用以计算建筑生产价值在国民经济各部分产值中的比重，说明建筑业在国民经济发展中的地位和贡献；四是据以分析研究建筑业在执行建设领域方针、政策和计划执行情况，衡量判断建筑业工作经济情况的重要数据，也是编制今后施工计划的基础。

建筑业总产值内容包括与建筑安装施工有直接和间接关系的经济活动创造的价值，具体包括：

（1）施工产值。指建筑施工单位自行完成的与建筑安装施工有直接关系的产值，包括建筑工程产值，设备安装工程产值，房屋、构筑物修理产值，非标准设备制造产值。

$$建筑工程产值=\sum[(预算单价\times实际完成实物量)\times(1+间接费率)]\times(1+计划利润率)\times(1+税率)$$

$$安装工程产值=\sum[(安装工程单价\times实际完成实物量)+(已完工程的基本工资\times间接费率)]\times(1+计划利润率)\times(1+税率)$$

房屋、构筑物修理产值，计算方法与建筑工程计算方法大体相同，只是其产值中不包括被修复建筑物的原有价值。

非标准设备制造产值一般是按照完成件数乘以单价计算的。

（2）附属预制构件厂外结构件产值。附属的预制构件厂为外单位制造生产的结构件产值，是指外销结构件的生产成本、利润和税金之和。

（3）勘察设计产值。是指附属的勘察设计机构在一定时期内完成的工程地质勘探成果，设计技术文件以及技术劳务的总量。其计算公式为

$$勘察设计总产值=勘察产值+设计产值+咨询产值+其他产值$$

建筑业产值是按“工厂法”计算的，即建筑施工单位内部机构之间的产值不得重复计算。

【建筑业竣工产值及其计算方法】

建筑业竣工产值又称竣工价值，一般是指竣工单位工程的价值。计算竣工产值一是为更准确地反映建筑施工企业的施工成果，它是总结施工成绩的重要标志，竣工产值与同期完成的施工工程总产值对比，可以反映建筑施工企业的最终贡献比重；二是通过对竣工产值的统计，可以促使建筑施工企业抓紧竣工工程施工，尽可能快地抓紧收尾，早日投入使用；三是配合各项消耗指标，如劳动消耗、材料消耗等，以及工程成本分析计算经济效益。还可以据以计算竣工率。

$$竣工率=\frac{报告期竣工产值}{报告期施工工程的全部价值}\times 100\%$$

【建筑业经济效益】

建筑施工活动中劳动消耗与所取得的相对有效成果的比值。建筑业经济效益指标大体上是由以下三部分指标组成：一是用建设成果与劳动消耗比较的指标，如劳动生产率指标；二是建筑生产成果与劳动占用两者比较的指标，如万元产值占用固定资产等；三是施工工期和工程质量的完成情况反映的经济效益指标，如工期完成率、工程质量优良品率等。

（六）劳动工资统计

【职工分类】

对全部职工按照一定的标志进行的分组。根据不同的研究目的，职工分类通常有以下几种：

（1）按工作性质分为工人、学徒、工程技术人员、管理人员、服务人员、其他人员六类。按工作性质分组有助于研究企业定员，合理组织劳动力，促进企业经营管理的改善。

（2）按性别分为男、女，以研究各部门、各单位男、女职工所占比重。

（3）按年龄分可观察职工的年龄构成，便于合理调配、培养和使用劳动力。

（4）按参加工作的年限分便于了解职工的工龄构成情况，研究职工的专业化程度和改进职工的物质福利待遇。

（5）按文化程度分为大学、高中、初中、小学、文盲五类。

【职工期末人数】

报告期最后一天实有的职工人数。期末人数指标按其性质属于时点指标。期末人数既包括出勤人数，也包括因病、伤、事假和其他原因未出勤的人数。不包括已经招用，至期末尚未报到的人员。

【职工平均人数】

一定时期内平均每天实有的职工人数。职工平均人数反映该时期职工人数的一般水平，是计算劳动生产率、平均工资，以及有关技术经济指标的基础数据。其计算公式为

$$报告期平均人数=\frac{报告期每天人数之和}{报告期日历日数}$$

上述计算公式一般用于计算月平均人数。季、半年、年的平均人数，一般是在月平均人数的基础上采用序时平均法计算，其计算公式为

$$季平均人数=\frac{季内各月平均人数之和}{3}$$

$$年平均人数=\frac{12个月平均人数之和}{12}$$

在人员增减变动较少的单位，职工的月平均人数可采用简便计算法。

$$月平均人数=\frac{月初人数+月末人数}{2}$$

计算平均人数时应注意：（1）节假日、公休日人数按前一天人数计算。（2）新开工企业不管在报告期开工多少天，均以开工后各天实

有人数之和除以报告期日历日数，用以表明报告期平均每日人数。

【全员劳动生产率】

按全部人员计算的平均每人在一定时期的生产总量。一般用价值量表示，有时也用工作量表示。全员劳动生产率是企业生产技术、经营管理、职工操作熟练程度和劳动积极性的综合反映，是表明企业生产经营活动水平的重要指标。用价值量表示的生产总量有总产值、净产值与增加值；用工作量表示的为定额工时。其计算公式为

$$全员劳动生产率=\frac{总产值}{全部职工平均人数}$$

$$或=\frac{净产值}{全部职工平均人数}$$

$$或=\frac{增加值}{全部职工平均人数}$$

$$或=\frac{实际完成定额工时}{全部职工实用工时}$$

在全部人员中的其他人员，如从事农副业生产人员，长期学习、病伤假人员、外借人员等，虽由企业支付工资，但与企业生产基本无关。为便于同行业与企业间对比，计算全部人员时可以扣除其他人员，计算公式为

$$劳动生产率=\frac{总产值(净产值或增加值)}{全部职工(不包括其他人员)平均人数}$$

【工资总额】

各单位在一定时期内直接支付给本单位全部职工的劳动报酬总额。工资总额是计算平均工资，分析工资构成及其变化，提取职工福利基金的依据。准确核算工资总额对于加强企业管理，进行宏观控制，正确处理各种相关的经济关系具有重要意义。工资总额由计时工资、计件工资、奖金、津贴和补贴、加班加点工资以及特殊情况下支付的工资六部分组成。核算工资总额应以直接支付给职工的全部劳动报酬为

根据。凡支付给职工的劳动报酬及其他根据有关规定支付的工资，不论计入成本与否，不论是否列入计征奖金税项目，不论是以货币形式支付的还是以实物形式支付的，均应列入工资总额计算范围。不属于劳动报酬性质的支出，如有关劳动保险和职工福利方面的费用、劳动保护的各种支出不应计入工资总额范畴。

【平均工资】

一定时期内平均每个职工的工资额。它反映职工在一定时期工资的一般水平。平均工资是制定和检查工资计划的依据，是研究职工生活水平及其变化，比较各部门、各地区、各单位及各类人员工资差异，分析工资与劳动生产率增长速度之间关系的重要指标。平均工资的计算公式为

$$\text{平均工资}=\frac{\text{一定时期的工资总额}}{\text{同期职工平均人数}}$$

根据不同研究目的可以计算不同范围的平均工资，如整个国民经济全部职工的平均工资，各部门、各地区、各单位的平均工资，或者计算部门内、地区内、单位内各类人员的平均工资。在时间上可以计算月、季、半年、年等不同时间长度的平均工资。

（七）科技统计

【科技统计】

运用科学的方法对科学技术活动进行系统的调查研究，从数量方面反映科技活动的各种现象和特征的认识活动，是国民经济统计的重要组成部分。它的基本任务是：准确、及时、全面、系统地反映科技活动的规模、结构、水平和发展态势，为国家及各级党政领导制定科技政策、计划和发展规划提供依据；对各项科技政策、计划的执行情况实行统计监督；分析研究科技活动的发展规律、作用和影响，为实现科技与社会、经济的协调发展服务。

科技统计的对象是全部有组织的、系统的科技活动。科技统计的调查范围十分广泛，包括所有从事科技活动的机关、企业、事业单位在内，而不仅限于科学研究和技术开发机构。

【科学技术活动】

简称科技活动。在所有科学技术领域内，即在自然科学、工程和技术科学、医学、农业科学、社会科学及人文科学中，与科技知识的产生、发展、传播和应用密切相关的全部有组织的、系统的活动。联合国教科文组织将科技活动分为三类，即研究与试验发展活动；科技教育与培训活动；科技服务活动。为了如实反映我国情况以适应管理决策的需要，兼顾与国际通用规范的可比性，我国科技活动分为研究与试验发展活动、研究与试验发展成果应用活动、科技教育培训活动和科技服务活动 4 类。

【研究与发展活动】

全称科学研究与试验发展活动，简称 R&D 活动。为增加知识的总量（包括人类、文化和社会方面的知识），以及运用这些知识去创造新的应用而进行的系统的、创造性的活动。

研究与发展活动的基本要素是：（1）具有创造性。（2）具有新颖性。（3）运用科学方法。（4）产生新的知识或创造新的应用。只有同时具备这 4 个条件，才是研究与发展活动。在上述 4 个要素中，创造性和新颖性是研究与发展活动的决定因素；产生新的知识或创造新的应用是研究与发展活动的具体体现。

按活动类型，研究与发展活动分为：（1）基础研究。（2）应用研究。（3）试验发展。基础研究和应用研究统称为科学研究。

研究与试验发展活动是科技活动的核心，是国际科技统计的重点。许多国家都已经建立了研究与试验发展统计，并已形成了比较科学的国际科技统计的通用规范。

【基础研究】

或称基本研究。为获得和把握有关现象和可观察事实的基本原理、内在规律而进行的实验性或理论性工作，它不以任何专门或特定的应用或使用为目的。

基础研究的特点是：(1) 以认识现象，发现和开拓新的知识为目的，即通过实验分析或理论性研究，对事物的物性、结构和各种关系进行分析，加深对客观事物的认识，解释现象的本质，揭示物质运动的规律，或者提出和验证各种设想、理论和定律。(2) 没有任何特定的应用或使用目的，在进行研究时，并不与具体的应用目的相联系，或虽肯定会有用途，但并不确切掌握达到应用目的的技术途径和方法。(3) 一般由科学家为主承担，他们在确定研究专题和安排自己的工作上有很大程度的自由。(4) 研究结果通常具有一般的或普遍的正确性，成果通常表现为一般的原则、理论或规律，并以论文的形式在科学刊物上发表或学术会议上交流。

【应用研究】

针对某一特定的实际目的或目标而进行的创造性研究。应用研究的特点是：(1) 具有特定的实际目的或应用目标，具体表现为，或是探索基础研究成果的可能用途，或是为某种专门的和预定的实际目的探索新的方法和技术途径。(2) 在围绕特定目的或目标进行研究的过程中获取新的知识，为解决实际问题提供科学依据。(3) 研究结果一般只影响科学技术的有限范围，并具有专门的性质，针对具体的领域、问题或情况，其成果的形式是论文、原理性模型或专利。

所谓应用研究，就是将理论发展成为实际运用的形式。

【试验发展】

利用从基础研究、应用研究和实际经验获得的现有知识，为生产新的材料、新产品和装置，建立新的工艺、系统和服务，以及对已生产和建立的上述各项进行实质性的改进，而进行的系统性的工作。

试验发展的特点是：（1）运用基础研究，应用研究的知识和实际经验。（2）以开辟新的应用为目的，具体地说就是提供新材料、新产品和装置、新工艺、新系统和新的服务，或对已有的上述各项进行实质性的改进。（3）成果的形式是专利、专有技术、具有新产品基本特征的原始样机。

一般来说，对引进技术的改进和改造活动，对现有技术做实质性的改进活动，都具有创新性质，是试验发展活动。

【研究与发展成果应用】

或称研究与试验发展成果应用。是指为解决研究与发展活动阶段产生的新产品、新装置、新工艺、新技术、新方法、新系统和服务等能投入生产或在实际运用中所存在的技术问题而进行的系统性活动，它不具有创新成分。

研究与发展成果应用这一分类只用于自然科学、工程和技术、医学和农业科学领域，其特点是：（1）使试验发展的成果用于解决实际的技术问题。（2）运用已有的知识和技术，不具有创新成分。（3）成果形式是可供生产和实际使用的带有技术、工艺参数和规范的图纸、技术标准和操作规范等。

研究与发展成果应用不包括建筑、邮电、工程等方面的常规设计工作，但包括为达到生产目的而进行的定型设计和试制以及为扩大新产品的生产规模和新工艺、新技术、新方法的应用领域而进行的适应性试验。

【科学研究活动】

基础研究和应用研究活动的总称。旨在增加科学知识的总量，以及将其予以实际应用而进行的系统的、创造性的工作。

在自然科学、工程与技术、医学和农业科学领域，科学研究活动定义为：旨在确定自然现象的性质和相互联系，认识自然规律，以及有助于这些知识的实际应用而进行的系统的、创造性的活动。

在社会科学和人文科学领域，科学研究活动定义为：旨在增加或改进人类、文化和社会方面的知识，包括运用这些知识解决人类和社会问题而进行的系统的、创造性的活动。

【技术开发活动】

技术开发活动是对试验发展和研究与发展成果应用活动的总称，即指运用科学研究或实际经验获得的知识，形成新产品、新装置、新工艺、新技术、新方法、新系统和服务，并将其投入生产或在实际中运用而开展的系统性活动。

【科技服务活动】

指包括任何和研究与试验发展有关的，和有利于科技知识的产生、传播和应用的活动。属于这一类的科技活动有一个共同点，即与研究和试验发展有着直接或间接的联系。但它与研究和试验发展不同，不具有创新的性质。联合国教科文组织根据统计的目的将科学技术服务活动分类为：图书馆等提供的科技服务；博物馆等提供的科技服务；科技文献翻译、编辑等；地质、水文等考察；探油、探矿及有关活动；人类社会、经济等现象的数据收集；测试、标准化和质量控制等；咨询（包括农业和工业咨询服务等）；同专利和特许有关的活动。

【科学技术机构】

有明确的科学研究和技术开发、服务方向和任务，有一定水平的学术、技术带头人和一定数量、质量的科技人员和开发科技活动的基本条件，主要进行科技活动的机构，简称科技机构。

在科技机构中，凡是具备下列三个条件的，为独立的科技机构：（1）行政上有独立的组织形式。（2）财务上独立核算盈亏。（3）有权与其他单位签订合同，并在银行有独立账户。不具备上述三个条件，附属于机关、企业、事业单位的，为非独立的科技机构。

【专业技术人员】

已经聘任专业技术职务和已取得专业技术职称，现在机关、企业、事业单位从事专业技术和行政管理工作的人员；以及未聘任专业技术职务，现在专业技术岗位上从事专业技术工作的国家干部。包括：工程技术人员，农业技术人员，科学研究人员，卫生技术人员，教学人员，民用航空飞行技术人员，船舶技术人员，经济人员，会计人员，统计人员，翻译人员，图书资料、档案、文博人员，新闻、出版人员、律师、公证人员、广播、电视、播音人员、工艺美术人员、体育人员、艺术人员及海关专业人员。专业技术职务分为高级、中级、初级三级。

【从事科技活动的人员】

已在社会经济各部门中的某个机构或单位直接参加科技活动并领取工作报酬的人员（亦即联合国教科文组织定义的科技人员）。除包括直接从事科技活动的科学家和工程师、技术员外，还包括为科技活动提供直接服务的辅助人员。辅助人员指从事与科技活动的实施直接有关的工作人员，即办事员、秘书、行政人员、试验工厂的工人以及所有其他为科技活动直接服务的人员，不包括为科技活动提供间接服务的人员，如司机、门卫、维修、食堂、医务、勤杂人员、清洁工以及幼儿园、托儿所工作人员等。

科技活动人员是进行科学技术活动的最重要条件之一，是测量国家科学技术能力的重要指标。一般可按资格（岗位）、科技活动类型、学科领域、性别、年龄、民族、专业技术职务、文化程度以及地区、执行部门、经济类型、隶属关系等分组进行统计，以观察从事科技活动人员的规模、结构、素质及使用状况，并联系活动成果，从总体和不同侧面反映人、财、物投入的效益、作用，为制定科技发展规划与政策，进行科技人员的调配和培训提供依据。

【研究和发展人员】

从事研究与发展活动的人员。包括直接从事研究与发展课题活动的人员以及院、所等从事科技行政管理、科技服务等工作，为研究与发展活动直接服务的人员。为研究与发展活动提供间接服务的人员不包括在内。

研究与发展人员是从事科技活动人员的重要组成部分，是科技活动中最富有创造性的活跃因素。它的状况和研究与发展经费的状况基本上反映了一个国家的科技能力。两者结合使用，常被用来作为研究比较各国的研究与发展的投资情况和对各国科技能力的粗略衡量。

【科技活动经费】

投入科技活动的财力资源的总称。通常在统计科技活动经费时采用两种不同的方法：(1) 经费筹集（收入），指投资者拨付给科技活动的各类资金，它是投资者把一定数额的资金用于科技活动意志的表现形式。(2) 实际支出，指实际用于科技活动支出的款项，而不考虑资金的来源和数额。

经常出现的情况是，在某一时间段，经费筹集额和实际支出额不相符。经费筹集和实际支出是两个相互补充的指标。通常经费筹集反映不同的经费来源，实际支出提供不同类别费用支出的详细情况。目前大部分国家统计科技活动经费时采用实际支出指标。

科技活动经费是科学技术活动的最重要条件之一，它和科技人员指标结合，基本上反映了一个国家的科技能力，是描述科技活动投入量的主要指标之一。

【科技活动经费筹集总额】

为科技活动的目的，在一定时期内从各种渠道获得的各类经费的总数。通常科技活动经费筹集的来源包括政府拨款、企业资金、自有资金、国外资金、银行贷款等。

【科技三项费用】

国家预算内拨付的新产品试制费，中间试验费和重要科学研究补助费的统称。

新产品试制费，用于经政府和主管部门批准的，在本企业从未制造过或曾经制造过，但在工艺过程、技术特征及性能方面与以往所生产同类产品有显著差别的新产品试制；中间试验费，用于已有科技成果，尚未取得必要数据，不能在生产或建设中直接采用，必须建立一定的装置、机组、车间或试验基地，进行扩大规模试验或较长期试验验证，经批准纳入计划的项目。中间试验费使用范围包括进行中间试验所需的土建工程、设备安装费、仪器购买费以及其他试验费用等；重要科学研究补助费，用于对企业、事业单位，高等院校承担全国性重大科学研究任务的补助。

【科技活动经费支出总额】

实际用于科技活动支出的全部金额。科技活动经费支出参照国际通用规范分为内部支出和外部支出，并以全国各单位科技费用内部支出的总和计算国家科技活动的总支出，这样处理是为了避免科技费用的重复计算，也便于进行国际对比。

【科技活动内部支出】

报告期内在调查单位范围内为开展科技活动所实际支付的全部费用，包括经常费用和固定资产购建支出。经常费用指报告期内调查单位开展科技活动所支付的劳务费和其他经常费用。劳务费指单位以货币和实物形式支付给从事科技活动的人员的工作报酬，包括工资、各种津贴、奖金、福利费等。只提供间接服务的人员的工作报酬不包括在劳务费中，而作为科技活动的间接费用计入其他经常费用中。其他经常费用包括开展科技活动支付的材料、用品、水电、差旅费、资料印刷、维修、计算机服务等费用。固定资产购建支出指调查单位为开展科技活动而购置的仪器设备、图书、建造的房屋建筑等。

将全国（地区）所有单位科技费用内部支出相加的总和，即为国家（地区）科技活动的总支出，是衡量国家（地区）科技活动投入规模的主要指标。除按费用性质分组外，还应按活动类型、经费来源和社会经济目标等分组，以适应从各种角度进行分析、观察的需要。

【科技费用外部支出】

报告期内调查单位为开展科技活动在本单位以外实际开支的费用，如委托外单位研究而支付的委托费、与外单位合作进行研究与开发活动而转拨给外单位的科技经费等。

【新产品】

在产品结构、性能、材质、技术特征、化学成分等一方面或几方面，比现有产品有重大改进和提高的产品，或者从未生产过的新创产品。新产品必须具有先进性、实用性和推广价值。新产品可分为国家级、地方级和企业级。现行的新产品统计主要指标有新产品产值，新产品销售收入，实现利税及本年实施、完成、正式投产的新产品项目数等指标。

【科技成果】

科技活动的直接结果，是科学技术工作者对于国家和社会做出的有价值的创造性的工作结果。科技成果分为三类：(1) 阐明自然现象、特征、规律及其内在联系的，在学术上具有新见解，并对科学技术发展具有指导意义的科学理论成果，包括基础研究和部分应用研究的理论成果。(2) 解决生产建设中科学技术问题的，具有新颖性、先进性和实用价值的应用技术成果，包括新产品、新技术、新工艺、新材料、新设计和生物、矿产新品种等。(3) 推动决策科学化和管理现代化，对促进科技、经济与社会协调发展起重大作用的软科学研究成果。

科技成果方面可以通过市场机制进行鉴别、评价而得到社会的公认。凡需要鉴定的科技成果，要根据国家有关规定进行，以保证科技成果鉴定的科学性和公正性。

科技成果数应以在省、部的科技管理部门登记的科技成果为准，包括国家，省、部及地市三级的科技成果登记数。主要统计内容有：科技成果数量、获奖情况及应用推广等。

（八）对外贸易统计

【对外经济统计】

全面反映一个国家涉外经济活动的统计。它是新的国民经济核算体系的一个重要组成部分。对外经济统计就是对国际贸易、国际投资、国际承包劳务、国际金融以及国际旅游等进行的科学、系统的经济统计。它的指标体系是以国际收支为中心建立的。包括：国际收支、外汇收支、对外商品贸易、对外技术贸易、利用外资、对外债务和债权、海外投资、对外经济技术合作、对外援助和捐赠、接受国际援助和捐赠、涉外税收、涉外保险以及国际旅游等十余项统计内容。现行的对外经济统计只包括国际收支、国家外汇收支、对外贸易业务、海关进出口货物、利用外资、对外承包工程和劳务合作、对外援助以及国际旅游等统计内容。

【对外贸易业务统计】

对外贸易业务统计是我国对外贸易工作中不可缺少的一项重要工作，是国民经济统计的重要组成部分。对外贸易业务统计的基本任务，就是对对外贸易业务活动进行调查统计和分析，准确、及时、全面地搜集整理和提供对外贸易统计资料，检查计划执行，并进行统计监督。

对外贸易业务统计可以经常及时地向业务领导部门提供信息，便于领导随时了解对外贸易计划完成情况及执行计划中存在的问题，通过统计对外贸易的规模、水平、速度、结构、比例关系等数量关系，并结合其具体情况进行分析研究，找出对外贸易工作中存在的矛盾和问题，以便及时采取措施，使对外贸易组织得更加合理，顺利完成国家交付的各项对外贸易任务。

【对外贸易业务统计的范围】

是从国外（境外）进入国境的进口商品和从国内运出国境的出口商品。虽未出入国境，但经批准用外汇结算收付的部分商品，也应作为统计对象予以统计。包括：（1）一般贸易，即是外贸进出口公司、工贸进出口公司和地方性的进出口公司由国家统一安排的出口和进口。进料加工贸易也包括在内。（2）技术和成套设备进口和出口。（3）一般物资的贷款援助和无偿赠送出口。（4）以贸易形式的军事装备贸易进口和出口。（5）中小型补偿贸易全部进口的设备、原料、辅料和全部出口的商品。（6）来料加工装配贸易。（7）各作各价对口合同出口。（8）租赁贸易进口。（9）通过银行以现汇结算和不通过银行结算的以货换货的贸易。　（10）政府向协议内和国家计划内的转口贸易。（11）边境贸易。（12）输出或输入的样品、展览品以及在国外寄售的出口商品和外商委托我国代售而进口的商品。（13）在我国的中外合资、中外合作和外商独资经营企业自己进口商品和出口商品（不含投资设备）。（14）国际经济技术合作公司属对外贸易性质的进口和出口。（15）以外汇结算，但未出入我国国境的部分商品，经批准按视同完成进出口计划任务的，可做进出口统计。

【海关统计与外贸业务统计的区别】

海关统计与外贸业务统计都是反映我国对外贸易发展变化情况的。二者的区别主要有以下几点：

（1）进料加工装配贸易与出料加工贸易的区别。海关统计对进料加工的货物和加工后的出口商品分别统计全值（即把进料、进件的价值也计算在内）。外贸业务统计根据业务管理需要的要求，出口只统计增加值部分（即进料、进件的原价值不计算在内），对作为加工用的进口原料，不做进口统计。海关统计对出料加工的货物和加工后的进口商品均分别统计全值。外贸业务统计则不做统计。

（2）境外转口贸易的区别。外贸业务统计中列入它的统计范围，并分别做进出口统计。海关统计中对其未经我国国境的转口贸易，不列入进出口统计范围。

（3）对我国赠送、捐赠物资的区别。海关统计，由于这部分物资进出入我国国境，需统计在内。外贸业务统计则不统计在内。

（4）国内外汇商品零售贸易的区别。海关统计，由于这部分商品没有输出我国国境，则不予统计。外贸业务统计，由于其外贸业务管理的需要，这部分商品因用外汇结算，属于出口任务，则作为出口统计。

（5）以出顶进贸易的区别。外贸业务统计中，对此项分别计算进出口。海关统计，由于未出入国境则不做进出口统计。

（6）统计时间规定不同的区别。海关出口统计，以装运货物的运输工具经海关结关放行时间为准；进口统计，以海关核准放行日期为准。外贸业务出口统计是以货物离开我国口岸或国境日期为准；进口统计是以载运货物的运输工具实际到达我国第一个港口的日期为准。

【对外贸易额】

亦称“对外贸易值”。一国或地区在一定时期内进出口商品的价值。是反映一国或地区对外贸易规模的重要指标之一，一般用进出口总额表示，有时只用进口额或出口额表示。其货币计算单位可以是本国货币，也可以是国际习惯通用货币。用离岸价格计算出口值，用到岸价格计算进口值。在进口值中，除货价外，还包括运费和保险费。而离岸价格不包括这两项。

【对外贸易差额】

一个国家在一定时期内（通常为一年）商品出口总额与进口总额相比的差额。商品出口总额大于商品进口总额时，表示有盈余，这个差额称作贸易顺差，又称出超；反之，商品进口总额大于商品出口总额时，则出现亏损，这个差额称作贸易逆差，又称入超。如果进出口贸易总额相等，则叫作贸易平衡。在计算贸易差额时，通常都是进口采用到岸价格，出口采用离岸价格，但也有一些国家进出口都按离岸价格或到岸价格计算。由于统计内涵的计算方法不同，同一期间的一个国家贸易差额在外汇统计、国际收支统计和海关统计上往往不一致。贸易差额的变化，反映一个国家经济实力和对外竞争能力的变化，同时也受经济行情的影响。对外贸易差额是衡量一个国家经济状况、对外贸易状况和国际收支状况的重要标志。

【对外承包工程】

对外承包工程是指我国境内法人或其他经济组织按照国际通行做法，在国外及港澳台地区承揽、实施工程项目建设的勘察、设计、施工、监理、设备材料采购、安装调试、工程咨询、工程管理等经营活动。

对外承包工程项目分为十类：（1）房屋建筑项目：包括住宅，商业服务业用房，仓库，办公用房，文化、体育、医疗设施及科学研究用房等。（2）制造及加工项目：包括各类工业设备制造和加工业的建设等。（3）石油化工项目：包括原油、天然气生产及其加工工业的建设等。（4）电力工业项目：包括火电厂、水电厂及其他电力业的建造和输变电工程的建设等。（5）电子通信项目：包括邮电、通信、广播电视工程的建设等。（6）交通运输建设项目：包括铁路、公路、隧道、桥梁、码头、港口及河流改道疏浚等建筑项目。（7）供排水项目：包括水库、水坝和灌溉工程，各类水厂的建设，输水、排水管线的敷设等。（8）环保产业建设项目：包括污水（含工业废水处理）及垃圾处理厂建设，危险和废弃物处理（含化工品、核废料、石棉排除、除铅设施）等活动。（9）航空航天项目：包括各类航空航天工程的建设等。（10）其他：包括其他土木工程和装饰装修工程等。

二、经济学基本概念

【经济学】

对各种经济关系进行研究进而分析和阐明诸经济因素活动情况的

科学。通过经济分析所确认的经济关系称为经济原理。经济原理可以是从某种假设中逻辑引申出来的分析性概括，也可以是观察到的数据之间关系的验证说明。现代经济理论可分为两大类：实证经济学和规范经济学。实证经济学力图如实描述和分析经济活动，而不依据最终的目的来考察经济活动结果的好与坏。其主要分支是：价格与分配理论，即关于个人和厂商的行为以及价格、产量的确定和产品的分配理论；国民收入理论，即集中分析国民收入的水平与就业的水平。规范经济学是对于应是什么而不应是什么提供指示或做出说明的经济科学。规范经济学得出诸如“垄断应节制”或“利润应课税”等论断。规范经济学和实证经济学恰成对照，可以认为，规范经济学是由实证经济学和关于社会目标的价值判断构成的。

与其他社会科学相比，经济学作为一门独立学科问世较晚。国际上通常以亚当·斯密《国富论》的问世为经济学成为独立学科的标志。其后九十年出版的马克思批判资本主义的巨著《资本论》，创立了马克思主义经济学，实现了经济学的一场革命。稍后马歇尔的《经济学原理》，特别是20世纪30年代约翰·凯尔斯《就业·利息和货币通论》的出版，则对西方经济学产生巨大影响。到目前为止，大多数经济学者采纳了如下经济学定义：经济学是研究生产、交换、分配、消费的科学；它研究人和社会在使用或不使用货币的情况下，如何使用、何时使用稀缺的生产性资源生产商品或提供劳务，并把它们分配给社会各个成员或集团以供消费之用；经济学的主要任务是研究改善资源配置所付的代价及预期收益。经济学同其他科学一样，主要是研究变量行为的。变量就是随条件变化，其价值也发生变化的事物，经济学通过对存量和流量的分析，描述和分析经济运行的现状、趋势及诸环节的关系。马克思主义经济学则透过物与物的表象来研究人与人的经济关系，把生产关系作为经济学的研究对象，并以此与资产阶级经济学划清了界限。

【宏观经济学】

以经济总体的行为作为研究对象的科学。宏观经济学着重研究经济中有关总量和整体结构的决定和变化。例如整个国民生产状况，总就业水平及失业率，总体消费水平和物价水平等。这样，经济整体又被分解为若干被认为同质的范畴，总量中的每一个行为的决定因素则被结合起来，建立起包括整个经济的模型。如何将个别生产者或消费者的行为累积起来成为有理论意义的总和，就成为宏观经济学的主要内容之一。为此，宏观经济学使用了诸如国民生产总值、国民收入等概念，并对实际产量增长率、物价总水平、失业率等总和变量做出理论上的解释。

宏观经济学基本是从英国经济学家凯恩斯开始的，1936 年凯恩斯著作《就业·利息和货币通论》的问世，标志着这一学科的形成。宏观经济学日益为各国所重视，成为各国制定国民经济调节政策以实现稳定增长和充分就业的重要理论依据。

【微观经济学】

研究个人或个别单位，例如消费者或厂商的经济活动的学科。对个体行为的经济分析集中在消费者需求理论以及在较小程度上有关时间配置理论，对厂商行为的分析则集中在生产决策和价格理论，这种分析大部分与厂商参与活动的市场类型特别是竞争程度的大小有关。在微观经济学研究中，大多数分析都涉及市场性质的研究，因为在市场经济条件下，市场是交换关系的总和。

传统的微观经济学理论集中于局部均衡分析，现代微观经济学则利用公理化分析方法，十分强调一般均衡分析。微观经济学的规范分支学科，成为福利经济学的理论基础。自从 20 世纪 70 年代以来，宏观经济学的研究日益依赖微观经济学的研究成果，将其作为自己的理论基础。

【计量经济学】

亦称“经济计量学”。是把统计学、经济理论和数学结合起来，以经济现象的可计量的变化为研究对象，以数量验证经济理论的学科。它以经济理论为基础，以数理统计的分析方法和计算技术为工具，根据经济统计提供的资料，建立描述经济关系的经济计量模型，并应用该模型对经济现象进行结构分析、经济预测和政策评价。该学科出现于20世纪30年代，第二次世界大战后盛行。计量经济学一词是由挪威经济学家弗瑞希于1926年首先提出的。美国经济学家莫尔最初利用数量经济方法导出美国农产品的需求曲线，做了开创性工作。英国著名经济学家凯恩斯的宏观经济理论，推动计量经济学进一步发展。主要代表人物还有荷兰丁伯根、美国列昂节夫及克莱因等。其主要方法及步骤是：（1）建立经济模型。（2）估算参数。参数是指模型中用来表现自变量之间相互关系的常数。（3）验证理论。用数理统计学中检验统计假设的原理，验证模型包括的变量及其结合方式、结合程度是否代表客观情况，以判断理论模型是否正确，应否修改。（4）预测未来。

【经济增长】

一般指国民生产净值的实际水平的增加，但其计量易受国民产值计量方法的影响。这样，实际增长与统计表现便往往存在很大差距，例如在一个贸易往来或自己产品的消费不入账（例如农民自己的消费）的经济中，虽然名义国民产值水平未见增加，但经济却实际增长了。对经济增长的考察，通常要考虑资本存量、人口规模（包括劳动力人数及其年龄结构）以及技术进步对因素的变化，分析每种因素对经济增长的贡献份额。

在对经济增长的分析中，新古典增长理论认为稳定和趋向充分就业应成为增长的固有特征。这种理论认为要素价格从长期看是波动的，这种波动引起要素替代，导致总量生产函数中实际运用的要素比例发生变化，尤其导致资本一产出比率的变化。凯恩斯经济增长理论则认为，资本主义经济生来就不稳定，即处于刀锋之上，均衡所需条件极难得到满足，因此应特别重视投资和储蓄的作用，把它们作为总需求的组成部分和资本存量的附加额，以推动经济的有效增长。

【经济发展】

通过提高人均收入来提高居民的生活水平和福利的过程。经济发展，通常是更多依靠提高工业化水平来实现的。按照美国学者罗斯托1961年提出的成长理论，经济发展大致可分为五个阶段：（1）传统社会阶段。这是一个以牛顿以前的科学和技术为基础的社会，通常存在有很大的农业部门和等级森严的社会结构。（2）准备起飞阶段。将现代科学技术应用于农业，社会中存在着对新的设想予以财务支持的企业家和投资者。（3）起飞阶段，或称工业革命阶段。在这个阶段，经济增长成为正常的和稳定的状态，而不是短期内的突然活动，支持增长的储蓄和投资对国民收入的比率上升到10%。与此同时，该阶段存在着具有高增长率的大制造业部门和能支持现代部门扩张的一个政治或社会框架。（4）向成熟阶段推进。这是一个介于起飞和成熟阶段之间的长期推进过程，一般要持续60年左右。在这一阶段，投资水平高达国民收入的20%。（5）大众高额消费阶段。这一阶段社会丰裕，大量生产和消费高级消费品及劳务，这是持续最长的阶段。由上一阶段过渡到这一阶段花费时间更长，美国大致用了一个世纪。

【经济效益】

经济活动中劳动占用量、劳动消耗量同劳动成果的比较，亦即投入与产出的比较。劳动占用量一般包括生产中占用的厂房、机器、原材料等生产资料；劳动消耗量包括生产中的物化劳动和活劳动的消耗。劳动成果则指生产劳动所取得的成果。经济效益可以采用实物形式表示，也可以采用价值形式表示，其中，以价值形式表示较为常见。人们可以根据改变对象的不同而对经济效益做出不同的界定，如宏观经济效益、中观经济效益和微观经济效益等。

多数人将经济效益与经济效果视作同等概念，二者内容一致，只是不同的表述。但也有不同的观点认为，经济效果是对经济效益的抽象，只能用相对数来进行定量分析评价；经济效益则比较具体，可以用绝对数进行计算。

【弹性】

一变量对另一变量的微小的百分比变化所做的反应。弹性概念可以适用于任何一对相关的统计数字，如收入与购买率。随着价格上涨，一种商品或劳务的购买率势必下降，而购买率的百分比除以价格的百分比的变化，就是需求弹性。由于价格和购买率是反向运动的，因此所得结果带有负号，但因为这是不言而喻的，所以有关弹性的说明中经常省略负号。弹性的概念是无维量的，它完全与计量单位无关，这就使人们可把诸如土地的价格需求弹性与汽车、纸烟或其他商品或劳务的价格需求弹性加以比较。弹性的一般方程式是 $\frac{\frac{\Delta Y}{Y}}{\frac{\Delta X}{X}}$ ，如果变化极其微小，方程式也可写成 $\frac{\mathrm{d}Y}{\mathrm{d}X} \cdot \frac{X}{Y}$ 。

【均衡】

经济体系中变动着的各种力量处于平衡因而变动的最后倾向等于零的那种状态。在现实经济生活中，当各种重要的变量在一段时间里未出现变动时，这个经济体系便可视为处于均衡状态。例如在某一商品均衡价格下，买方恰好愿意买进卖方准备出售的全部商品，此时的均衡价格是买卖双方都能满意的唯一价格，在既定的供求条件保持不变的条件下，价格也将保持不变。

均衡这个概念在经济学中不仅用于描述一系列最终条件，也用于表述经济变量的发展方向。由于外部条件经常变动，往往使均衡状态难以实现。即便如此，了解经济变量的变动方向仍是有用的。经济均衡分稳定的和不稳定的两大类型。在稳定均衡中，经济体系会自动产生使各变量恢复到均衡的力量；在不稳定均衡中，经济体系会产生使各变量远离均衡状态的力量，即便变量本身并没有使之发生变动的压力，也是如此。

【生活质量】

用来表示人们物质和文化需求质量的优劣。物质和文化需求的质量包括食品的质量，服装的质量和款式，住房面积和舒适程度，保健、教育和服务的质量，生活和工作环境的质量，闲暇时间，对科学知识和创造性劳动需求的满足程度，等等。

对于生活质量的内容和结构至今规定不一。单以生活质量与生活水平而论，便存在大相迥异的判断。有的学者把生活质量概念与生活特性、生活水平或生活方式等同起来，有的则认为生活水平越高，生活节奏越快，生活质量越低，从而将二者对立起来；有的学者把生活质量简单地与工作环境或生态质量划一；有的学者则把生活质量与人口数量相联系，认为只有大大减少人口数量，才有可能提高生活质量……根据上述不同判断，逐渐形成相应学派。

【居民消费价格指数】

居民消费价格指数简称 CPI，是度量消费商品及服务项目价格水平随着时间变动的相对数，反映居民购买的商品及服务项目价格水平的变动情况。

居民消费价格指数是中国价格统计指标体系的重要组成部分，是宏观经济分析和决策、价格总水平监测和调控以及国民经济核算需要的重要指标。其按年度计算的变动率通常被用于反映通货膨胀（通货紧缩）的程度。

居民消费价格指数有以下基本用途：一是度量通货膨胀（通货紧缩）；二是用于国民经济核算；三是用于指数化的调整；四是用于实际

消费和收入的计算。

居民消费价格指数在使用中存在以下局限性：一是各种商品包括同一类型商品的价格变动不是同比例的，当某种商品价格提高时，消费者总是有寻找替代品的冲动，原有的为计算居民消费价格指数所选用的相对固定的代表规格品的价格代表性可能就不强了，存在高估生活费用的可能；二是消费者有了新的选择，单位钱币更值钱了，但由于上述原因，居民消费价格指数也无法反映这种货币购买力的变动；三是无法衡量质量的变动，即无法反映产品质量的变动。

【供给】

出售商品或劳务的能力与意愿。某一厂商对某种商品或劳务的供给，就是于某一时刻在多种不同价格上愿意出售这种商品或劳务的数量。供给是一个瞬时概念，表明价格和愿意出售的商品数量之间的关系，而所有其他因素是假定不变的。把全社会所有可能出售的数量相加，便是社会总供给。

人们将以不同价格出售的商品或劳务通过供给表形式表现出来。供给表取决于厂商的成本构成。假定厂商力图获取最高利润，则短期供给曲线就是厂商的边际成本曲线上等于或高于平均可变成本的那一部分。从长期看，供给曲线是边际成本曲线上等于或高于平均成本的那一部分。从短期看，供给曲线总是向上倾斜，即商品或劳务的价格愈高，愿供出售的数量愈大。生产某种商品或劳务的成本水平取决于该商品或劳务的生产函数中所含技术状况及所需的投入过程。这些决定因素的任何变化都会引起供给表的移动。

第二部分　统计分析报告

一、常用分析方法

【对比分析法】

对比分析法又称比较分析方法，是统计分析中最常用的方法，是通过有关的指标对比来反映事物数量上差异和变化的方法。对比分析法比较对象包括：国外同行业、企业集团之间、同一单位的不同年份历史数据、年初计划或五年规划数据等，从而对数据所指指标的规模大小、水平高低、速度快慢等做出判断和评价。

对比分析法可分为静态比较分析和动态比较分析。静态比较分析是同一时间条件下不同总体之间的同一指标的比较，如不同部门、不同地区、不同企业集团的比较，也叫横向比较；动态比较分析是同一总体在不同时期的指标数值的比较，也叫纵向比较。这两种方法既可单独使用，也可结合使用。进行对比分析时，可以单独使用总量指标或相对指标或平均指标，也可将它们结合起来进行对比。比较的结果可用相对数，如百分数、倍数、系数等，也可用相差的绝对数和相关的百分点（每1%为一个百分点）来表示。

【结构分析法】

结构分析法又称比重分析法，是在统计分组的基础上，计算构成某项经济指标总体的各个组成部分占总体的比重，进而分析某一总体现象的内部结构特征、总体的性质、总体内部结构依时间推移而表现出的变化规律。该方法通常用于判断企业的价值总量是否增加、企业资源的结构是否合理。如国民生产总值中三种产业的结构及消费和投资的结构分析、经济增长中各因素作用的结构分析等。结构分析主要是一种静态分析，即对总体在一定时间内经济指标各组成部分变动规律的分析。如果对总体在不同时期内经济结构变动情况进行分析，则属动态分析。

结构分析法的基本表现形式就是计算结构指标。其公式为

$$结构指标(\%)=\frac{总体某一部分}{总体总量}\times 100\%$$

结构指标就是总体中各个部分占总体的比重，因此总体中各个部分的结构相对数之和等于100%。通过结构分析可以认识总体构成的特征。

【平衡分析法】

平衡分析法是研究经济指标变化对等关系的一种方法。它把对立统一的双方按其构成要素一一排列起来，给人以整体的概念，以便从全局来观察它们之间的平衡关系。平衡关系广泛存在于经济生活中，大至宏观经济运行，小至个人经济收支。平衡种类较多，如财政平衡表、劳动力平衡表、收支平衡表、投入产出平衡表等。

平衡分析法的作用：一是从数量对等关系上反映社会经济现象的平衡状况，分析各种比例关系相适应状况；二是揭示不平衡的因素和发展潜力；三是利用平衡关系可以从各项已知指标中推算未知的个别指标。

【平均分析法】

平均分析法是用平均数分析研究事物的存在和发展的一般水平的方法。如劳动生产率、平均工资、单位产品成本等。

平均分析法的基本形式就是平均指标，平均分析法是通过计算平均指标来实现的。常用的平均指标有简单算术平均数、加权算术平均数、调和平均数、几何平均数、众数和中位数等，其中最常用的是算

术平均数，其计算公式为

$$平均指标=\frac{总体各单位的标志总量}{总体单位数}$$

【动态分析法】

动态分析法主要指时间序列的动态变化，是将同一指标在时间上变化和发展的一系列数值，按时间先后顺序排列，就形成时间数列，又称动态数列。它能反映社会经济现象的发展变动情况，通过时间数列的编制和分析，可以找出动态变化规律，为预测未来的发展趋势提供依据。时间数列可分为绝对数时间数列、相对数时间数列、平均数时间数列。

在统计分析中，如果只有孤立的一个时期指标值，较难做出判断。如编制时间数列，可以进行动态分析，反映其发展水平和速度的变化规律。

进行动态分析，要注意选择数列中各个指标应具有可比性。总体范围、指标计算方法、计算价格和计量单位，都应该前后一致。时间间隔一般也要一致，但也可以根据研究目的，采取不同的间隔期，如按历史时期分。为了消除时间间隔期不同而产生的指标数值不可比，可采用年平均数和年平均发展速度来编制动态数列。此外，许多综合指标是采用价值形态反映实物总量，如生产总值、总产值等，在计算不同年份的发展速度时，必须消除价格变动因素的影响，才能正确反映实物量的变化。也就是说必须用可比价格（如用不变价或用价格指数调整）计算不同年份相同产品的价值，然后才能进行对比。

根据绝对数时间数列可以计算的速度指标有：发展速度、增长速度、平均发展速度、平均增长速度。

【因素分析法】

因素分析法也叫指数分析法，是将指数法运用于分析受多因素影响的现象变动中各因素影响的方向和大小的方法。例如销售额受销售量和价格两个因素影响，则分析两个因素变动对销售额的增减率和增减量分别产生了怎样的影响，这就叫作对销售额变动的因素分析。因素分析法的依据是指数体系，因为指数体系本身就表明了被分析对象与各影响因素之间的数量关系。进行因素分析实际就是根据指数体系计算各影响因素的指数。

进行因素分析，首先要进行因素分解。只有了解影响某一事物变动的因素可能有哪些，才能从这个认识出发，对事物变动情况做因素分析。因素分析按被分析指标的不同类型，分为总量指标的因素分析和平均数指标的因素分析；按影响因素的多少，分为两因素分析和多因素分析。

【相关回归分析法】

根据相关系数判断两个变量之间相关关系的密切程度。即 $|r|$ 的值越大，即越接近 1，表明两个变量间的相关程度越高；如果 $|r|=1$，则表明两个变量为完全相关；$|r|$ 的值越小，即越接近 0，表明两个变量间的相关程度越低；如果 $|r|=0$，则表明两个变量间无相关关系。

回归分析法就是对具有相关关系的变量之间的数量变化的一般关系进行测定，确定一个相关的数学表达式，以进行估计或预测的统计方法。回归分析根据回归方程的形式可分为线性回归分析和非线性回归分析；根据所研究变量的多少可分为一元回归分析和多元回归分析。

【贡献率和拉动力】

统计分析时仅分析总量是不够的，总量没有问题并不能说明结构没有问题；同样，总量有问题也并不必然意味着结构有问题。所以，在进行总量分析的同时，也需要进行数据结构分析，需要进一步分析构成总量的各因素及其对总量的影响程度。

贡献率是指总量增长中各因素作用大小的程度，其计算公式为

$$贡献率(\%)=\frac{某因素贡献量(增量)}{总贡献量(总增量)}\times 100\%$$

贡献率是一个特殊的结构相对数。这里的“部分”是“总体”的部分，“总体”是所有“部分”之和构成的“总体”，不能说任意两个增量之比就是贡献率。

拉动力，或称为拉动率、拉动百分点，是指某要素增长拉动总体增长的百分比。其计算公式为

$$拉动力(\%)=贡献率(\%)\times 总的增长率(\%)$$

支出法计算国内生产总值的三大需求即最终消费支出、资本形成总额、货物和服务净出口，三大需求增量与支出法计算的国内生产总值增量之比，就是贡献率。三大需求贡献率与国内生产总值增长速度的乘积，就是拉动力。例如，2013 年最终消费支出、资本形成总额、货物和服务净出口三大支出贡献率分别是 50.0%、54.4%和－4.4%；分别对国内生产总值增长拉动 3.9、4.2 和－0.3 个百分点。从历史数据看，最终消费支出的贡献率比 2008 年提高 5.8 个百分点。资本形成总额贡献率处于历史较高位，比 2008 年提高 7.4 个百分点。货物和服务净出口对 GDP 增长的影响较大，贡献率比 2008 年下降 13.2 个百分点，但好于 2009 年－37.4%最低点，出口对 GDP 企稳回升起到较为稳定的作用。宏观经济分析中，还会分析三次产业贡献率和对国内生产总值增长的拉动。

在统计分析中，根据贡献率和拉动，通常会进一步分析对总量影响较大的经济体增长或下降的原因，及时发现经济增长的动力和经济运行中存在的问题，判断实现目标的可能性，提出应采取的措施和建议。

【综合评价分析法】

综合评价分析法是指一个复杂系统同时受到多种因素影响，在考察各种因素的影响时，对其多个指标进行综合评价进而做出总评价结

果的方法。比如经济效益问题是一个非常广泛的问题，要对企业经济效益状况进行综合评价，只用一两个指标是不够的，需要从不同侧面设置多项相互联系、相互制约的指标组成指标组，这些指标互相结合、补充，形成一套全面反映企业经济效益状况的指标体系，以便了解企业生产经营过程中各个影响因素的作用和相互关系。然后，采用该套指标体系，依据经济评价的一般原则和一定的综合分析评价方法，进而全面系统地分析评价企业活动的经济效益。

综合评价过程一般包括以下四个步骤：

第一，根据评价目的选择恰当的评价指标。挑选那些代表性强、确定性好，又相互独立的指标组成评价指标体系。

第二，确定评价标准。评价标准一般可以分为如下四种：（1）计划标准，是将各指标的计划水平作为标准。（2）历史标准，是将各指标的上年同期或历史最好水平作为标准。（3）客观标准，是以一定时期一定范围内同类企业作为样本通过一定方法推算出来的平均值作为标准。（4）经验标准，是根据经济发展规律和长期企业管理经验产生的标准。

第三，根据评价目的和各个指标的重要性，确定每一个评价指标的权重。

第四，建立综合评价模型，形成综合评价值。不断补充完善评价模型，使其具有一定的实用性和先进性，并推广应用。

综合评价有很多不同的方法，如综合指数法、层次分析法、模糊综合评价法等，这些方法各有特点，各有利弊。

二、统计分析报告撰写及注意事项

【统计分析报告的类型】

统计分析报告的类型可以从统计领域、写作对象的层次、写作内容、时间长度、写作类型等多角度进行划分。

(1) 按统计领域分。可分为工业、农业、商业、科技、教育、文化、卫生、体育、人口、财政、金融、政法、人民生活、国民经济综合核算等统计分析报告。

(2) 按写作对象的层次分。可分为微观、中观和宏观统计分析报告。对于微观、中观、宏观的划分，目前尚无统一的标准。一般来讲，基层组织或个人属于社会经济系统中的“细胞”，可视为微观；乡镇、县一级可视为中观；而地级及以上的地区和部门，由于地域较广，社会经济门类比较复杂，需要较多地注意平衡关系，可视为宏观。

(3) 按写作内容分。可分为综合与专题统计分析报告。综合统计分析报告，是研究和反映一个地区、部门或单位的全面情况的分析报告。专题统计分析报告，是研究和反映某一方面或某个专门问题的分析报告。综合统计分析报告一般是定期发布的；专题统计分析报告有定期的，也有不定期的，以不定期的居多。

(4) 按时间长度分。可分为定期与不定期统计分析报告。其中，定期统计分析报告，一般是利用当年的定期统计报表制度的统计资料来定期研究和反映社会经济情况。根据期限不同，定期统计分析报告又可分为日、周、旬、半月、月度、季度、半年、年度等统计分析报告。不定期统计分析报告，主要用于研究和反映不需要经常性定期调查的社会经济情况。

(5) 按写作类型分。该划分方式最为常见，能够充分体现出统计分析报告功能作用和形式特点。包括说明型、快报型、计划型、总结型、公报型、调查型、分析型、研究型、预测型、资料型、信息型、微型、综合型、文学型、系列型等十五种类型。

【分析报告撰写步骤】

一般情况下，撰写统计分析报告的具体步骤包括以下几个环节：选题并拟定提纲，搜集和整理资料，研究并提炼观点，遣词造句和润色修改等。通过这些具体环节，最终形成一个有机的统计分析报告整体。

【选题】

选题是撰写统计分析报告的第一个环节，决定了研究方向。统计分析报告的选题有一种是属于固定选题情况，它是按照统计制度的要求开展的定期统计分析，如每季度的计划完成情况分析等。除固定选题外，统计分析报告的选题就要考虑作者自身的工作条件，考虑服务对象的需要。需要作者通过对复杂企业活动的观察，或通过对资料的初步分析，准确地发现并提出问题，确定研究的目的和大致范围，规划统计分析报告的主题思想和基本内容。

【对选题的要求】

（1）选题要有针对性、政策性和时效性。选题要针对实际工作中存在的问题，做到有的放矢。同时要围绕国家方针政策和法律法规的贯彻执行情况去选题，把握时机，及时研究，迅速反映。对即将发生的问题，最好能事先预报。如果统计分析报告没有时效性，则再好的统计分析报告也是没用的。

（2）选题要抓住热点、特点和重点。不同企业、不同时期都有引起人们特别注意的热点问题，只有抓住热点问题深入研究，又有独到的见解，统计分析才能真正发挥作用。不同的行业、不同的企业都有自己的经营特点，只有抓住特点进行分析，本企业独有的经营成果才能被发现。重点则是指一个地区，一个部门或一个单位在一定时期内的中心工作或要解决的主要问题，统计分析围绕重点去选题，才容易引起领导的重视和支持，工作容易开展，分析成果才能被充分利用。

常见选题内容包括变化较大的企业、行业或区域经济现象、有关理论研究内容、横向比较资料、有关会议议题、老百姓的话题、形势宣传和发展战略、经济效益、中心工作和重点工作等。

【拟定提纲】

拟定提纲是作者在撰写统计分析报告之前根据选题对整个统计分析过程进行通盘考虑的必要环节，是作者对统计分析报告的总体把握。只有安排好统计分析报告的篇幅结构，才能使统计分析报告条理清楚、观点明确，给读者以逻辑缜密、层次分明、井然有序的感觉，有利于提高统计分析报告的质量。

提纲主要包括以下内容：主题思想、分析框架、统计资料、分析方法。主题思想即统计分析报告所要表达的主题思想。分析框架即统计分析报告的篇章结构。统计分析报告的结构一般都是按照“提出问题—分析问题—解决问题”的顺序来展开报告的内容，大致可分为四个部分：一是说明基本情况和所要分析的问题；二是根据问题和有关资料进行分析；三是通过分析得出结论；四是提出建议。统计资料即统计分析时所需要的各种资料名称、来源途径，根据分析因素及其之间的有机联系，设计相关的统计分析指标。分析方法是指依据分析目的和资料可得性，确定分析报告拟采取的分析方法。用统计数据说话是统计分析报告的特点，熟练运用统计特有的分析方法是撰写统计分析报告的技术基础。根据以上内容，就能够拟写出初步的统计分析报告提纲。

【搜集资料】

资料是指在撰写统计分析报告时用来提炼和表现主题的文字资料、统计数据、调查资料和其他相关信息。资料是说明情况的凭据，是形成和支撑分析报告观点的论据。统计分析报告需要占有丰富的资料以做进一步加工提炼。这些资料主要包括以下几个方面：

（1）搜集反映研究对象总体情况的资料。没有总体的基本情况，就不能引申出分析时所要深入研究的内在矛盾或特征。

（2）搜集与主题有联系的统计资料。尽可能地搜集同分析主题有关的统计资料，如企业统计数据、财务报表数据、同行业相关的统计数据、国家和地区的宏观经济数据等。

（3）搜集研究对象的动态资料。分析问题往往要采用动态数据进行观察。例如，分析生产发展情况，可以联系过去的历史资料，用以对比说明问题，增强说服力。

（4）搜集与分析主题相关的已有理论和实证分析文献，如研究相关的理论数据或者经验数据。

（5）搜集与研究对象有关的其他资料。如根据分析的需要，进行问卷调查、召开座谈会、实际走访等。

【整理资料】

资料搜集后，要根据分析目的对丰富的资料进行初步加工提炼。通过对文字资料、统计数据等资料的分析，深化对要研究的现象或者问题的认识并形成观点。资料的真实性和数据的可比性是资料搜集整理的关键。资料的使用需要进行审核和选择。

审核的内容：一是统计数据的准确性、可比性、时效性、代表性和完整性；二是文字资料的真实性、代表性、典型性和新颖性。

选择要求：一是选择最能说明情况、阐明观点的资料，加深突出分析报告的主题；二是选择真实可靠的资料，为观点提供充分有力的证据和支撑；三是选择具有广泛代表性和普遍指导意义的典型资料，使报告的观点符合逻辑。

围绕统计分析报告主题，有目的、有重点地搜集整理资料的过程是一个研究的过程，也是形成统计分析报告观点的过程。

【提炼观点及方法】

提炼观点是撰写统计分析报告的中心环节。在这个环节中，作者采用合适的统计分析方法，通过对丰富资料做深入整理加工，进行系统周密的分析研究，找出事物规律，归纳分析结果，提炼出要表达的中心论点。

提炼观点的基本方法有：（1）归纳提炼法。是一个从小到大，从分散到集中的过程，也就是通过抽象思维，对纷繁复杂的资料和经济现象进行分析、综合，透过现象看本质，通过数字看规律，以形成观点的过程。(2) 演绎提炼法。是一个从大到小，从集中到分散的过程，也就是根据确定的选题，在研究范围已基本框定的基础上，先提出来一个模拟的观点，再寻找是否有足够支撑其思想的资料与相关情况，以确定最终是否采用这一观点的过程。换言之，演绎提炼法就是模拟的观点（中心论点）确立后，围绕中心论点按一定的逻辑顺序向外扩展思路，最终又向中心论点集聚的过程。(3) 比较提炼法。是一个相互对比，从资料的比较或从诸多自己或者别人的观点中，采取排除或者择优的方法，提炼出最终观点的过程。前提是要充分思考和分析问题，把其他的观点一一用实践去检验，对前人的观点做出补充、发挥、纠正、批驳，就自然会形成自己的新观点。

【遣词造句】

遣词造句就是在观点明确的基础上，按照拟定的框架结构，把已搜集、整理的资料文字、数字、图形，根据说明问题或阐述观点的需要，有机地组合起来形成文稿的过程。在这个过程中，要始终抓住主题，围绕着观点这根主线分层次地展开。要善于应用各种分析方法，用分析结论来支撑统计分析报告的观点。统计分析报告的文字表述要做到用词准确、表达规范和思维符合逻辑。

【统计分析报告具体内容】

统计分析报告一般包括以下内容：标题、前言、正文、结语和附件。

1. 标题

标题是统计分析报告全文的点睛之笔，一般会揭示报告的核心观点和关键信息，每篇统计分析报告都应该有明确、新颖、独特的观点。题目要贴切、简洁和新颖。题目是文章的眼睛。人们看文章，必先看题目。题目能让读者产生第一印象。一个好的题目能引人入胜，产生必读的念头。贴切，题目要能提示统计分析报告的主要内容，即题文相符，恰如其分。简洁，题目的文字表述要精炼、扼要，以最少的文字高度概括提示文章的主要内容，使读者看了标题就基本上了解全文的内容。新颖，题目要富有创新精神，力争立意新，有时代感，能吸引人。当然，报告的标题应尊重客观事实，不能以失真信息断章取义、博人眼球，降低报告的整体水准。

统计分析报告的题目主要有四种类型：

（1）主题式。标题直接揭示整篇统计分析报告的主题。如：题目《从紧的货币政策对××经济的影响与思考》，表达了该篇文章的主题是××经济在从紧货币政策的背景下将发生的变化以及如何应对这种变化。

（2）观点型。在体现整篇统计分析报告主题的同时也直接表现作者的观点。如：题目《某企业节能降耗工作任重道远》，体现了该篇文章的主题是对节能降耗工作的研究，同时也体现了作者的观点就是节能降耗工作任务非常艰巨。

（3）提问式。以设问的形式提出统计分析报告所要分析的问题，以引起读者的注意和思考，增强读者的阅读兴趣，文章的题目就是整篇文章所要回答和研究的问题。如：题目《我市新的经济增长点在何处》《××为何脱销》，分别提出文章所要回答和研究的问题。

（4）正副标题合用，用正标题高度概括统计分析报告的主要内容，副标题从范围、时间、内容等方面对正标题加以限制、补充或说明，一般副标题前加个破折号。对副标题要求必须严谨，一是服从正标题；二是正副标题之间有逻辑关系。如：题目《转变增长方式实现又快又好发展——中小工业企业增长方式问题研究》。

2. 前言

前言是统计分析报告的开头部分，主要表明撰写统计分析报告的目的和依据，简要交代统计分析的对象、范围、过程和效果等信息，起到承上启下、引出主题的重要作用。

开头要简明扼要，统率全文。开头是文章的帽子。好的开头既可使分析报告顺利展开，又能吸引读者。分析报告的开头是关系到全篇分析报告成效的一个重要因素，可以开门见山，揭示主题，也可以总揽全文的观点，还可以交代写作的目的和动机等。一篇统计分析报告能否引起读者的兴趣，给读者留下深刻印象，开头非常重要，所谓“好的开头是成功的一半”。因此，统计分析报告的开头要短、精、新，力求做到：一要开门见山，直截了当。二要高度概括，简明扼要。三要提纲挈领，统率全文。

统计分析报告的前言主要有五种形式：

（1）开门见山，提示主题。如《如何平衡通货膨胀与经济增长的关系》的开头：面对美国次贷危机影响进一步趋紧的国际经济大环境，以及步步走高的通货膨胀率，中国应该如何在抑制通货膨胀和保持经济平稳较快增长之间找到一个平衡点，走出一条光明的道路，已经成为当前宏观调控所必须面对的艰难选择。本文对此做了一个初步分析。

（2）总揽全文观点。如《科学发展又好又快——2007年××经济社会发展报告》的开头：2007年，在省委、省政府的正确领导下，全省上下以邓小平理论和“三个代表”重要思想为指导，以科学发展观为统领，认真贯彻党的十七大精神，认真实施国家宏观调控措施，按照省第八次党代会和省委八届三次全会的部署，坚持“四谋发展”实践主题、“四个重在”实践要领和“四个关键”工作的要求，扎实推进××区域建设。在全省人民的共同努力下，全省经济社会持续、稳定、快速、协调发展，呈现出科学发展、又好又快的态势。全省经济增长加快、结构优化、效益提高，民生改善，社会事业稳步发展，节能减排取得了显著成效。

（3）交代写作目的和动机。如《我省经济发展持续向上的基础条件分析》的开头：持续向上是指经济后起国家或地区，在一定历史阶段和环境条件下，通过采用新的科学技术和制度创新，转变经济发展方式，保持经济社会发展增长率在较高平台上的延续，并朝着好的方向发展，从而缩短与先进国家或者地区之间的差距。认真分析当前我省经济发展的基础条件，研究如何实现经济发展持续向上，具有重要的现实与实践意义。

（4）突出矛盾，造成悬念。如《从紧货币政策对××经济的影响与思考》的开头：中央经济工作会议提出今年宏观调控的首要任务是防止经济增长由偏快转为过热、防止价格由结构性上涨演变为明显的通货膨胀。为此，我国已实施了十年之久的稳健货币政策从 2008 年转为从紧货币政策。从紧货币政策会给我省带来哪些影响？应当怎么抓住政策调整的时机促进我省经济又好又快的发展？本文拟做初浅分析。

（5）设靶论战。如有篇文章是这样开头的：这几年来，国民经济增长速度不断趋缓，引起国内外社会各界对我国未来经济发展趋势的极大关注。我国经济究竟是由快速进入低速发展呢？还是继续保持快速发展呢？双方观点各持己见，分歧很大。对此，本文就这一问题做一初步分析。

以上五种方法，第一种用得比较多，这也是统计分析报告的一个特点。因为统计分析报告的读者主要是各级管理者，因此统计分析报告应该一开始就很简明地说明问题，看一下开头就明白了整篇文章的大意。

3. 正文

正文是统计分析报告的主要部分，是统计分析报告的核心，决定着整个统计分析报告质量的高低和作用的大小，通常包括现状分析、问题分析和措施建议三部分内容。通常使用概括性或提示性的小标题将各部分内容进行概括，突出各项分析内容的主要观点和分析报告整体的中心思想。

现状分析重点反映客观事实，从多角度、多维度对统计主体的总体和局部情况进行描述分析，为后续的问题分析做好铺垫，如从经济规模和质量效益角度进行基本情况分析，描述清楚问题出在哪些方面。需要强调的是，现状分析并不是对客观事实的简单罗列，而是应体现主次结构、层次结构，在基本情况分析基础上有所引申，如从企业和事业单位角度深入分析经济规模和质量效益指标的变化情况。

问题分析重点反映发展现状中存在的问题，包括原因分析、利弊分析和预测分析等内容。其中，原因分析是对出现问题的基本成因进行分析；利弊分析是对问题在当前造成的影响进行分析；预测分析是对问题的发展趋势和规律进行分析。高质量的统计分析报告，问题分析的内容具备较强的科学性和合理性，会结合内外部形势、主客观因素等信息进行分析，如“造成收入指标下滑的原因是宏观经济形势有所下滑，影响了各企业创利，预计还会持续到今年年底”等。

措施建议是分析报告的精华所在，是针对现状及问题的解决方案。撰写统计分析报告的目的就是要基于现状、查找问题、提出措施，为管理者提供决策依据。因此，措施建议部分一般会先总结概括前文的分析内容，在现状及问题的基础上提出后续相关工作的建设性意见和改进方向及措施，如“针对收入指标下滑的问题，各单位应继续加强市场开拓，做好开源节流工作”等。

统计分析报告正文主要有以下三种框架类型：

（1）并列结构，按照研究对象的构成和属性来安排材料的方式属于并列（横式）结构。其特点是把整体横向展开为几个部分，各个部分之间是并列关系，没有严格的主次先后顺序，然后通过由此及彼的横向关系，共同表现分析对象整体和分析的基本观点。换句话说，统计分析报告的各段落分部分是相对平行的，相互之间没有直接的因果制约关系，只与中心论点有着直接内在的联系，它们从不同的角度和侧面共同说明或论证统计分析报告的中心论点。这种结构常用于综合统计分析报告中。如：分析一个企业的亏损原因时，可以从生产状况、销售利润、成本控制三个方面分别进行分析。

（2）递进结构，按照研究对象的发展阶段或者内部逻辑关系安排资料的方式属于递进（纵向）结构。其特点是把整体纵向展开为几个部分，各个部分之间具有发展或者递进的关系，位置顺序较严格，不能随意交换。其中，一种特殊的框架结构，即序时结构，就是按照事物发展的先后顺序，反映客观事物随着时间变化而变化的统计分析。如："从过去地位看发展中的潜力""从现实地位看作用和贡献""从未来地位看决策和措施"。换句话说，文章的各段落分论部分是相互因果制约的关系，它们从不同的角度和侧面不断深入或者论证报告的中心论点。这种结构常用于专题统计分析报告。

（3）混合结构，即统计分析报告的整体中既有并列结构又有递进结构，有时并列结构的段落中包含递进结构，或者在递进结构的段落中包含并列结构。通过并列段落分论点和递进段落分论点共同说明或者论证统计分析报告的中心论点。

4. 结语

结尾要语言有力，加深题意。好的结尾可以帮读者明确文章的题意，加深认识，还可以引起读者诸多的联想和思考。在内容形式上，可以概括全文、总结结论、归纳建议和展望未来。同统计分析报告的开篇一样，结尾也离不开统计分析报告的整体结构。写统计分析报告，一旦确定了分析报告的某种结构形式，也就确定了分析报告的某种结尾方式。

统计分析报告的结语主要有五种类型：

（1）提出对策建议。目前专题统计分析报告中多以提出对策、建议结束全篇的居多。在这种情况下，结尾属于统计分析报告整体结构中的局部结构部分，正文和结尾合并成一体了。

（2）总括全文。对正文进行归纳总结，强调作者的观点或者看法，突出中心思想。可以起到加强基本观点、突出中心思想的效果。一般适用于分析宏观形势的大块报告。

（3）首尾呼应。补充强调主题观点，在导语中提出问题，通过归纳分析，在结尾时给予回答。

（4）篇末点题。这类报告在开头不亮出基本观点，经过一系列分析、论证，最后在结尾处点出题旨。

（5）号令式。

5. 附件

附件是指统计分析报告正文未能完全反映的内容，包括基础数据、参考文献、统计表单、工作文件等，为阅读者查找具体信息提供支撑依据。在有些情况下，也会对统计分析报告中所使用的分析方法进行简要介绍，包括方法背景、核心思想、重点模型、使用条件、优劣势对比等。

【润色修改方法】

统计分析报告初稿要成为定稿，需要有一个润色修改的过程，这是进一步深化认识、提高统计分析报告质量的过程。要改好统计分析报告，一方面要掌握修改方法，另一方面要明确修改的内容。

常用的修改方法有三种：一是征求意见法，广泛听取领导、专家等相关人员的意见，对于正确合理的意见，在理顺思路后再动笔修改；二是自我推敲法，作者自己对初稿的观点、资料、结构文字进行多角度的反复推敲；三是对比衡量法，搜集一些与作者选题相近或者相似的统计分析报告进行对比，纠正统计分析报告中人云亦云的现象，摒弃那些过时的数据资料。

【润色修改的内容】

常用的润色修改内容有五种：一是观点的审核，在于审核观点的正确性；二是资料的核实，在于核实统计分析报告所用资料的真实性、准确性、可比性、时效性、代表性和完整性等；三是结构的优化，在于合理统计分析报告的章节布局和整体结构；四是文字的斟酌，在于力求统计分析报告语言通顺、简洁明了；五是方法的选择，在于审核统计分析报告中使用的统计分析方法和论证方法是否得当。

【编写统计分析报告需注意的事项】

1. 主题要突出

主题是统计分析报告的中心思想或基本论点，是统计分析报告的核心。要确保主题的集中、唯一性，一篇统计分析报告只能有一个主题。撰写统计分析报告的各个环节均要为主题服务，围绕主题去展开研究分析，不能走题。一般来说，统计分析报告的主题都会以简明的形式直接表现在“标题”中。如，《××新一轮发展的经济总量与结构分析研究》，表达的主题是在新的历史时期对××经济总量与结构所进行的分析与研究。

2. 选题要准确

恰当的选题可以说是完成了文章的一半。选题要注意以下几个问题：

（1）选择合适的题目。选择有条件撰写的题目。要熟悉所要研究问题的情况，能掌握和获得所要研究问题必需的统计资料是撰写统计分析报告的基本条件。选择有能力撰写的题目。撰写统计分析报告必须具备一定的学识能力。作者不仅要了解统计、经济及相关政策方面的基本知识，而且还要善于归纳和总结，灵活地运用概念、判断和推理等统计分析常用的思维方法来研究和解决问题。选择有兴趣撰写的题目。由于撰写统计分析报告需要付出大量的时间和精力，一旦选择了有兴趣的题目，作者会积极投入，认真搜集和研究各方面的统计资料，写好统计分析报告也就水到渠成。

（2）选择有价值的题目。选择有待于研究的题目，可以起到填补空缺的作用，往往容易引起有关方面的重视。但更需要注重分析报告的时效性，在尽量短的时间内拿出有价值的研究成果。选择可深入研究的题目。有些题目虽然其他人有所研究，但由于时过境迁，认识会略显肤浅，观点会显得滞后。在这样的情况下，如果能在其他人研究的基础上，结合当前的实际，做更高层次的探讨，进行深入研究，提出新的见解，仍然会是一篇好的统计分析报告。

（3）选择新颖的题目。所选择的题目可以是观点有争议的题目，这样一方面可以通过别人的观点深化对问题的认识，纠正不正确的看法。另一方面，也可以发现问题或他人的谬论，充实自己的观点，突出文章的独到性和新颖性。

（4）选题误区。选题时要避免以下五个误区：凭兴趣，想当然；时效性不强；针对性较差；题目太大不易操作；缺乏前瞻性。

3. 标题要醒目

文章标题如同人之眼睛，好标题可以给文章带来画龙点睛之效。标题还如同商店的招牌和门面，门面漂亮、招牌醒目，会有效吸引顾客。标题引人注目，会吸引读者的阅读兴趣。

4. 结构要严谨

统计分析报告的结构，是指整个分析活动的叙述在逻辑和次序上的安排，一般都直观地表现在分析提纲上。撰写时要注意结构层次、段落、过渡、照应、开头、结尾六大要素是否完整。依照主题突出、层次清晰、布局得体的筹划原则。具体看，结构严谨主要体现在以下三个方面：（1）在整体结构上为主题服务的内容要完整，逻辑清楚、层次分明。一般惯用"情况—分析—建议"三段式，其结构特点是，先摆数据、事实，在进行各种科学分析的基础上，针对问题亮明观点，最后提出建议或措施。（2）段落层次的划分要体现问题分解的逻辑，即同一层次各部分之间、每部分各段落之间呈现统一的结构形式。每个段落应保证内容的"单一性"和"完整性"。（3）结构安排应服从主题的需要。对资料的取舍、分析的详略、论述的先后与轻重等都要得当，都要以表现主题为标准。

5. 资料和观点要统一

统计分析报告以围绕主题广泛收集的统计资料为依据，但不能搞统计资料的堆砌。要用统计资料来说明观点。这就要求撰写统计分析报告必须处理好资料与观点的关系。要支持报告所说明的观点（论点），而观点（论点）要依据统计资料（论据）而得出。资料到观点的论证要合乎逻辑，合乎统计学及有关学科的规范，做到资料与观点的辩证统一。若统计资料与观点脱节，便失去统计分析报告的说服力。一般来说，在编写统计分析报告过程中，决定一篇统计分析报告能否成功的最关键环节就是能否收集到切实可用的、有说服力的统计资料。

此外，在统计资料搜集方面不能先入为主，切忌带着观点搜集资料。要注意搜集资料的可信度和一致性。

6. 正确使用概念和数据

统计分析报告会涉及较多的概念和数据，要明确概念，切忌以偏概全，避免断章取义。正确使用统计数据，避免各类数据陷阱。

在数据的可比性方面要注意：同一指标口径范围、计算方法、计量单位的可比；不同指标含义的比较特别是统计口径一类的概念，一定要明确，不能含糊不清。如讲从业人员数，一定要冠以数据口径范围，是全国范围的还是一个企业的。讲工资水平更要有明确的口径，是年工资水平还是月工资水平；是一个企业、一个行业的工资水平，还是整个社会的工资水平。再者，就是报告期，这也是一个非常关键的问题。如果文章所说的报告期不统一，那么它的数据就没有可比性，就不能做出正确分析并得出正确的结果。

7. 文字表述要用词准确，简洁，通俗易懂

（1）用词准确。首先要符合事实，符合规律；其次要合乎语法，合乎逻辑；再次要恰如其分地表达思想内容。特别注意对以下三种词语的使用：简称用语，要遵循需要、明确、约定俗成的原则。如第一产业简称为一产、国内生产总值简称为 GDP。模糊词语，要慎用。如“新中国成立初期我国人口平均寿命约五十岁”，“五十岁”是明确词，前面加上限制词“约”就使其成为模糊词，反而能增加统计分析的可

信性，增加作品的表现力。统计术语，要使用得当。如对工资增长情况的判断可以说是“猛增”“迅速增长”“大幅度增长”“略有增长”“稳中增长”“基本持平”“略有下降”“明显下降”等。不同的语言有不同的经济内涵，究竟用哪个词，要根据统计数据和有关社会经济情况来判断。

（2）简洁。即统计分析报告要简练朴实，给人以言简意明、实实在在的感觉。分析报告中基本不用抒情、形容词等语言，避免使用过多的华丽辞藻。

（3）通俗易懂。容易让读者接受和理解。统计分析报告必然会涉及一些专业性语言，在不得不使用专业性语言时，要力求专业语言通俗化，一些枯燥的统计数据也要力求写活。在分析文章中加入统计表或统计图，效果会更好。

8. 写作开头常犯的错误

报告的开头，不仅要考虑文章的内容，而且还要考虑写作的目的和阅读对象。常见的开头毛病有：

（1）“无头”。例如，从四大行业完成情况看：××业、××业、××业、××业 1～8 月份分别完成……；职工人数：截至月底，共有职工××人，比去年……。

（2）“大头”（指叙述过长、文字量过多；用词“偏大”，概括过宽）。例如，“土地是农业的基础，是国家的第一重要自然资源，其重要性根本在于，它是具有特定范围的固定物。土地作为农业的基本生产资料之一，同其他生产资料相比，最明显的特点是：土地面积是有限的，也是不可替代的。我国是世界上人均占有耕地最少的国家之一。因此，十几亿人口的东方大国能够解决了人民的温饱问题，便成为举世盛赞的一件了不起的大事。但是多年来，特别是近几年，由于经济建设的迅速发展，耕地连年减少，而且幅度越来越大，已是人所共知的事实。我们县近几年的耕地变化也是如此的。”

为了避免把头开“大”，“起笔”时要把握两点：一是文字要尽可能精炼；二是用词要恰当，概括要适度。

（3）“空话套话多”（套用空泛、笼统的格式化、公式化的措辞，即“正确的废话”），空话套话是统计分析报告开头的大忌。例如，“时代的航船，乘风破浪，我们满怀胜利的豪情，送走了硕果累累的××年。在刚刚过去的一年里，我县各条战线都取得了良好的成绩。××战线也同其他战线一样，捷报频传，特别是××事业迅速发展，令人欣喜。”

应把握两点：要有实质内容，不要空洞无物；要下笔直取，开门见山。

（4）“含糊无目标”（文章的开头游离于分析主题）。例如，“××年是实行‘××调查制度’的第二年，与往年口径相比有了一次变化，就劳动情况而言，指标范围也有了一定的扩大，在原有劳动情况及指标范围，职工人数与工资总额基础上加大了范围，并将聘用留用的离退休人员及港澳台方人员列入了从业人员范围，并且职工人数与其他从业人员的指标相并列，都包括在从业人员范围。就××年年报与××年年报相比有以下特点。”

请记住：文章的开头只能对分析主题进行交待、引申和铺垫，无关的文字一概不要。

9. 开头提炼的方法

提炼非常重要，不同的提炼角度，将取得不同的开头效果。

（1）提炼“内容”，即分析文章要阐述的内容，用几句话做概括。例如，“今年1～7月份，××地区国民经济呈平稳运行态势。其特点是：第一产业运行正常；第二产业增长平稳，但亏损局面仍很严峻；第三产业总体增长，但消费市场形势欠佳。具体情况分析如下：……”

（2）提炼“观点”，把在分析中形成的观点，在开头时做出交待。例如，“‘三农’问题是政府关注的热点，其核心是农民收入问题。‘十五'规划后期，国家出台了一系列惠农举措，使农民的收入快速增长。我们根据调查资料，分析农民收入增长的亮点和主要来源，以探索现阶段农民增收的有效模式和途径。”

(3) 提炼“理由”，就是为什么要写这篇分析。例如，“‘建设一流的首都城市发展新区’是××地区明确的近年发展目标。能否在‘新区’平台上占据一流位置，关键要素是经济总量的多寡和财政实力的强弱。那么，在××地区的财政家底中，哪个税种进账更多？财政税收与经济总量是一种什么关系？本文依据相关调查资料，试做如下分析……”

(4) 提炼“含义”，就是对某一指标（在文章中要分析的中心指标）的含义或重要性进行解释或交待。例如，“农民人均纯收入是反映农村经济发展状况和农民生活水平的核心指标。密切关注农民人均纯收入升降变化，抓好农民增收，已成为政府的重要工作和热门话题。现根据××年来有关统计资料讨论这个话题。”

(5) 提炼“意义”，把分析话题的意义提炼出来，作开头段。例如，“土地是农业的基础，是不可再生的自然资源，作为世界上人口最多，而人均占有耕地又最少的国家之一，保护耕地已是刻不容缓的事情。国家如此，××县也不能例外。”

(6) 提炼“问题”，根据分析报告的中心议题，设计一个问句。开头的方式可以不拘一格，千姿百态。标准：概括准确、文字流畅、简洁明了、生动新颖。

10. 结尾时需要注意的问题

(1) 宜自然收尾，忌不设结尾。恰到好处地对全文进行点题、归纳、总结或强调。收尾段落与正文的衔接要自然和谐，结尾段落的语言要准确恰当，既要表述完整和到位，也要“画龙点睛”和简洁。

(2) 宜“余音到位”，忌收尾匆忙。结尾应给读者以思考的余地，其点题、归纳和强调必须到位。

（3）宜首尾呼应，忌尾不对题。文章结尾对开头时（或分析说理中）提出的主题、论点加以强调，突出中心，使整篇分析通过结尾再次推向高潮。

（4）宜止于当止，忌收尾拖沓。道理说透、主题阐明之际，正是结尾已收、“戛然而止”之时。

11. 报告要反复研究、修改

撰写统计分析报告与其他文章一样，必须反复研究和反复修改，做到用词恰当，符合实际。要进行反复研究和修改的目的，是检查观点是否符合实际，材料是否真实可靠，文章结构是否严密，文字是否言简意明，表达是否准确得当。只有反复修改，才能写出好的统计分析报告。修改过程中需要注意以下几个问题：

（1）修改需要冷处理。写作统计分析报告时要“一气呵成”，以求文意平通，语气畅达。但在修改的时候，却不能“趁热打铁”，而要冷处理，如果时间允许，可放一段时间，使头脑冷静后再修改，就能发现许多不妥之处。

（2）要正确地听取意见。“当事者迷，旁观者清”，由于信息源和站位高度、角度的差异，任何人看问题都会存在一定的局限性，统计分析报告形成初稿后应在允许的范围内适度征求意见或逐级审核。一方面应听取直接或主管领导同志的意见，另一方面听取相关程度密切部门及相关人员的意见。

（3）抓住重点修改。修改当然要推敲某些字句，但这不是重点。修改的重点主要是核实数字和情况是否准确，观点是否正确，论据是否充分，说理是否透彻，意义是否深刻。

第三部分　怎样做好统计工作

一、具有良好的职业道德和职业素养

统计职业道德是统计人员在行使职权、完成统计工作任务的过程中所应遵守的行为规范，它向统计从业人员表明用什么样的精神和标准去履行统计从业人员的各项职责。统计职业道德包括五个方面的内容，即实事求是、讲究科学、优质服务、严守秘密、敬业奉献。

统计工作就是利用各种科学方法，搜集、整理、研究和提供各种统计资料的行为，是认识社会的有力武器，是实施科学决策和科学管理的重要手段。统计的基本任务是为各级领导了解情况、制定政策、指导工作、制定计划和监督检查计划执行情况提供依据，为单位生产经营管理提供正确导向。其基本要求是准确、及时、全面、客观、系统地提供统计资料，“用数字说话”，以事实为根据，研究社会经济的实践问题和理论问题。因此，统计工作的性质和地位需要统计从业人员具有健康向上的统计职业道德。

各级统计从业人员坚持实事求是、勤勤恳恳的工作，从总体上保障了统计信息的准确可靠，客观地反映了经济运行的现状和发展趋势，为各级领导科学决策和科学管理发挥了积极作用。但是不能否认一些单位存在的虚报浮夸、瞒报和弄虚作假的行为。一些单位受利益机制的驱动，对统计人员进行人为干扰，致使准确统计的难度越来越大。也有的统计人员职业道德素质不高，迎合某些领导意图，篡改、伪造统计数字。极少数人受社会不良风气侵袭影响，缺乏无私奉献和吃苦耐劳精神，难以忍耐统计的清苦和无权无势地位，一味抱怨，对整个统计队伍形成不良影响。因此必须对统计队伍进行系统的职业道德教育，使每一个统计从业人员不仅具备良好的业务素质，同时也要有高尚的道德情操，否则就难以肩负起国家和社会赋予的重任。

二、掌握必要的统计知识

统计是一门科学，统计知识内容广泛，涉及的统计理论和统计方法非常多，如果要求每一位统计从业人员全部了解和掌握这些知识，是不可行也是没有必要的。但是，从统计工作实践看，各单位若要顺利完成有一定质量保证的统计工作，统计从业人员必须掌握一些统计基本知识和方法。

从统计工作的定义以及履行统计工作职能需要角度看，统计从业人员也必须具备一定的统计理论基础知识，掌握必要的统计方法，熟悉本单位的各项业务情况，具备对统计工作统筹策划和组织实施的能力，具有较强的综合分析能力。只有这样，各单位才能按时完成统计任务，保证统计数据真实可信，提供真实可靠的统计信息服务。因此，统计工作对统计从业人员的知识面是有明确要求的，不是随便哪个人都能胜任这项工作。

三、正确解读统计指标

统计数据是判断经济形势、分析经济问题的重要依据，而统计数据的表现形式往往是各种各样的统计指标，因此，正确使用统计数据必须首先正确解读统计指标。由于中国统计方法制度体系非常复杂，大多数人并不十分了解统计指标的口径范围和统计数据的生产过程，对统计数据难免产生误解、误读、误用。由于中国经济体制正处在改革过程中，经济也处在快速的变化过程之中，政府统计体制、统计手段、统计内容和统计信息的公布方式也不断变化，有的指标虽然使用的是同一名称，但其内涵已经发生了很大变化，给正确解读统计指标带来困难。

要正确解读统计指标，首先要正确认识统计指标。一是要了解统计指标的定义和特性，区分一个指标是流量指标还是存量指标，还要知道该指标的局限性；二是要了解统计指标的统计方法和统计频率，这样在使用统计数据时更加敏锐更有把握，当遇到数据跳动比较大时，就比较容易发现或推测是哪个环节出了问题；三是要了解统计指标的内涵，即统计指标描述的是经济运行哪些方面的特征，其变化代表经济发生了哪些变化；四是要了解统计指标的不足。鉴于社会经济现象的复杂性、随机性和不确定性特点，统计指标所表现出的定量数据并不一定能够完整或正确地反映社会经济现象的发展变化，正确的态度是相信而不迷信，大胆使用，勇于怀疑。

正确使用统计指标应做到以下几点：一是把握全局和抓住主要矛盾相结合，比如要全面准确把握经济形势，就不能以偏概全，单凭一两个经济指标进行判断，而应该对反映国民经济的主要指标进行较全面的分析，从尽可能多的侧面考察经济运行的情况，再从相互联系和综合的角度进行总体判断；二是总量分析和结构分析相结合，经济总量没有问题还不能说经济结构没有问题，同样，经济总量有问题也并不必然意味着经济结构也有问题；三是纵向对比和横向对比相结合，孤立地看一个指标，很难说它是大还是小，是快还是慢。只有通过纵向对比和横向对比，在一个坐标系中给一个经济指标数据确定一个位置，才能做出正确判断，纵向对比就是将经济指标在不同时间或时期进行比较，横向比较就是将某经济指标与其他指标进行比较分析，将国内的指标与外国或国际的相关指标进行比较；四是定性分析和定量分析相结合，定性分析需要以定量分析作为基础，定性分析是对有关定量关系的概括和提炼，经济现象是质和量的统一，在经济形势的分析判断中必须处理好定性与定量的关系。

四、填写统计报表时应注意的事项

1. 阅表

拿到一张统计报表时，首先要认真阅读统计报表的内容，包括报表名称、各指标名称、计量单位和填表说明。其次要考虑如何核算每一个指标数据，从哪里取得数值，比如设备和仪器仪表指标一般应由设备管理部门或资产管理部门负责提供数据；指标的计算公式是什么；计量单位是什么；表格的上报截止日期是哪天，等等。

阅表阶段就是要切实弄懂搞清每项指标的含义、填报范围、计算方法和依据、关联情况等。这一阶段弄清楚了，会事半功倍。

2. 填表

按照从上到下、从左到右的顺序逐一填写表格中的各项指标数据，对表格中的每一个指标（项目）都要认真对待，不要有遗漏。

填表过程中时刻注意报表指标之间存在的逻辑关系是否正确，是否符合指标间存在的逻辑平衡关系式要求。注意报表中相关指标的变化趋势，发现指标同比数据有异常变化的，要查明原因并写出简要说明，随同报表一起报送。

3. 审表

一是审核指标的计量单位有无问题，有没有把“元”当成“万元”的情况；产品产量报表中有无漏填计量单位或者是用错计量单位的，产品名称是否规范，产量表中有无漏填项目的，等等。

二是统计指标数据是否唯一。统计指标很多，但是相同名称的统计指标只能有一种涵义和解释，也就是说对于同一个单位的相同名称的统计指标在同一时间只能有一个数值，不允许同时出现几个数值。

三是统计指标核算是否正确。有的统计指标在名称上比较接近，容易混淆，需要认真区分，避免发生统计指标核算错误。

四是计算一下主要指标数据的同比情况，可以发现一些统计数据核算问题。一般来说，同一指标两年间的数值会比较平稳，同比数值变化幅度有限。如果计算出来的同比数值变化幅度非常大，则很可能是数据核算出了问题。

五是计算一下“增加值率”和“工业增加值率”，看其是否偏高。增加值率（工业增加值率）绝不允许大于或等于100%。出现这种情况就意味着增加值数据核算过程有问题，需要重新核算。

六是注意审核不同指标数据之间内在的逻辑关系。例如工业总产值指标与产品销售收入指标，虽然这两个指标的核算方法不同，但是对于正常生产经营的单位来说，这两个指标的数值之间存在着一定的内在联系，比如某单位的工业总产值是1000万元，那么该单位的产品销售收入应该围绕着1000万元上下波动，而不应出现产品销售收入是100万元或1亿元的情况。

存在类似关系的统计指标还有：年末人数—年末平均人数；军品产值—军品销售收入；民品产值—民品销售收入；新产品产值—新产品销售收入；军品新产品产值—军品新产品销售收入；民品新产品产值—民品新产品销售收入；产值—产品产量。在正常情况下，这些指标的数字都是一一对应同时出现，即如果一个指标有数据，则另一个指标也应有数据，否则很可能就是发生了指标数据漏核算问题。

七是填写一些指标的“属性”代码时，应注意：(1) 在填报“国民经济行业类别”代码时，生产单一产品的企业按其产品所属的行业填报；生产多种产品的企业，应按其产值最大的产品所属的行业填报。(2) 年报中的“专业类别代码”和行业类别代码不同，它是国防科工局专用的，填报时要注意区别。

八是有的地方很容易出错：(1) 主要民品产品代码应该具有连续

性，对于同一个产品的产品代码，不能每年填写的都不一样。（2）非总装厂在填写军品产量产品代码时，不能填写“整弹”代码。（3）没有自营进出口权的单位不能填报进、出口表和外贸总值情况表。（4）有的表是二维表，比如：在人员按“职称—年龄”复合分组的表中，主词栏是职称指标，宾词栏是年龄段指标，必须做到该表中的“各行的合计数之和等于各列的合计数之和”，填表人员稍不注意就会出错。

第四部分　需要注意的几个事项

一、正确认识数据分析

搜集、整理、上报、展示数据，仅仅是统计工作的一个方面，统计工作更重要的功能是数据分析，统计方法则提供了一套分析数据的工具。不同的人对数据分析的理解也会大不一样，曲解数据分析是一种常见的现象。在有些人的心目中，数据分析就是寻找支持：他们心目中可能有了某种“结论”性的东西，或者说他们希望看到一种符合他们需要的某种结论，而后去找一些统计数据来支持他们的结论。这恰恰歪曲了数据分析的本质：数据分析的真正目的是从数据中找出规律、从数据中寻找启发，而不是寻找支持。真正的数据分析事先是没有结论的，通过对数据的分析才得出结论。

通过数据分析可以得到一个结论性的东西，但是，对于产生或导致这个结论的原因是什么，数据分析本身往往无法直接给出答案。吸烟能引起肺癌，这是一个统计结论，但吸烟为什么能引起肺癌，就不是数据分析所能回答的问题。对统计结论的进一步解释，需要更多的其他专业知识。

在数据分析实践中，还应当避免一种现象：报喜不报忧。正常情况下数据分析得出的结论都是客观的，有好的结论，也有不好的结论。在给领导提供决策参考时，不能只提供好的结论，回避不好的结论，而是应当如实提供全部结论。

二、如何正确解读 GDP 数据

（1）看总量。总量反映了经济总体在一定时期内生产成果的总规模，它从静态的角度考察国内生产总值的绝对额，用于衡量经济体的大小，是一个最重要的概括性描述。

（2）看速度。速度反映了经济总体在不同时期上的发展变化程度，它从动态的角度考察国内生产总值。对速度的解读要从纵向和横向两个方面去分析。

（3）看构成。构成是总体中部分与全体的数量对比结果，它反映了国内生产总值的内部特征，是分析经济总体的重要基础。在结构分析中，最重要的是产业结构分析和需求结构分析，产业结构分析是从生产角度分析一、二、三产业各自比重及其变化，需求分析是从使用角度分析最终消费支出、资本形成和净出口在总需求中的各自比重及其变化。

（4）看贡献。贡献是从拉动经济增长的角度，考察和分析国内生产总值增长的各个因素，一般用贡献率表示。贡献率是指按不变价格计算的各部分增加值增量与国内生产总值增量之比，如果换算成经济增长率，则表现为对经济增长的拉动力。对贡献率和拉动力的分析，同样也需要从生产角度和使用角度两个方面入手。

三、使用 GDP 数据时的几个注意事项

（1）使用 GDP 数据时，需理清该数据是现价数据还是不变价格数据。一般而言，国家统计局公布的 GDP 绝对量是以当年价格计算的，即现价 GDP，而公布的速度是以不变价计算的。不变价数据采用固定价格基期方法计算，且每 5 年更换一次基期。

（2）使用 GDP 数据时，要注意数据的来源和版本。要注意所使用数据的计算方法是生产法还是支出法，这两种计算方法的结果仍存在一定差距。同时，应及时更新所使用的 GDP 数据，以保证 GDP 数据的准确性。

（3）最终消费支出不等于社会消费品零售总额。社会消费品零售额不是最终消费指标。社会消费品零售额不包括服务性消费，例如教育消费、医疗服务、娱乐服务等，而最终消费支出包括对这些非物质性服务的消费。社会消费品零售额不包括农民自产自用的农牧产品，而最终消费支出则包括对这些产品的消费。

（4）固定资本形成总额不等于全社会固定资产投资。全社会固定资产投资包括土地购置费、旧设备购置费、旧建筑物购置费，固定资本形成总额不包括这些内容。全社会固定资产投资不包括城镇和农村非农户 50 万元以下项目的固定资产投资，固定资本形成总额包括这部分投资。全社会固定资产投资不包括矿藏勘探、计算机软件等无形生产资产方面的支出，固定资本形成总额包括这方面的支出。全社会固定资产投资不包括房地产开发商的房屋销售收入和房屋建造投资成本之间的差额，即商品房销售增值，固定资本形成总额则包括这一内容。

（5）海关统计的贸易差额不等于货物和服务净出口。海关统计的贸易差额只包括货物贸易差额，不包括服务贸易差额。而货物和服务净出口既包括货物贸易差额，也包括服务贸易差额。海关统计的货物进口是按到岸价格计算的，货物和服务净出口中的货物进口是按离岸价格计算的。货物到岸价格和离岸价格之间存在运输费用和保险费用等方面的差别。

四、国内生产总值的局限性

（1）国内生产总值不能反映经济增长的社会成本。国内生产总值仅仅核算了生产活动的成果，而生产活动对资源环境带来的破坏和所付出的代价，国内生产总值则无能为力，它反映不出经济增长的社会成本。

（2）国内生产总值不能准确地反映经济增长的质量。如果片面追求GDP数量而忽视其质量，就可能导致出现GDP有增长而净财富下降的现象。例如，有些地方盲目地大修厂房、道路、桥梁等，没过多久又因质量问题而拆掉，虽然GDP数据有增无减，但是国民财富却丝毫没有变化甚至还有所下降。

（3）国内生产总值不能反映所有的经济活动。一是不能反映某些重要的非生产活动，例如非付酬的家务劳动、照顾老人等；二是不能全面反映某些非法活动和地下经济活动，例如地下钱庄，GDP数据可能部分或全部漏掉这部分经济活动。

（4）国内生产总值并不是衡量社会福利的完美指标。某些对生活有重要意义的东西没包括在GDP中，比如休闲活动，所以很难说GDP与社会福利有直接对应的关系。此外，GDP也没有涉及收入分配。如果收入分配不平等或收入差距过大，则可能出现GDP增长而大部分人生活仍得不到明显改善的情况。

五、统计不是万能的

统计不是万能的，它不能解决所有的问题。从某种意义上说，统计仅仅是一种数据分析的方法，与数学一样是一种工具，一种数据分析的工具，不能指望统计成为解决所有问题的灵丹妙药。统计不能提供给一个管理人员想要的一切技巧和方法。当把它用到管理领域时，统计能做的和管理所需要的之间还有差距。许多学过统计的管理人员，总觉得还缺少点什么东西，好像没有从根本上解决他们的问题。

大部分统计方法都需要某些假设的前提，比如，建立一个线性回归模型，首先是要假设变量之间的关系是线性的，否则就无从下手，但这种假设必须经过严格的检验后，才能应用所建立的模型。而作为一个管理人员，更关心真正有用的信息是什么，结论是什么，应采取什么样的行动；并不那么关心严格的统计检验。统计在自然科学和管理科学中的作用是不同的，管理人员所需要的，统计未必能提供。如果有人希望在没有外界帮助的条件下找出数据的特征或规律，统计对此无能为力。

六、避免统计应用上的两个极端

统计常常被人们有意或无意地滥用，比如错误的统计定义、错误的图表展示、一个不合理的样本、数据的遗漏或逻辑错误等。这些误用有些是常识性的，有些则是技术性的，有些则是故意的。

统计也往往被作为两个极端使用：一个极端是不懂或不太懂统计的人认为统计没什么，他们不用或几乎不用统计方法分析数据，即使做些统计分析，也往往是表面上的，无法深入下去。走入这一极端的人，他们的管理和决策所依据的就是自己的大脑：一些杂乱无章的信息组合出的某种知觉。如果他们的决策是正确的，更增加了他们的自信，更加感到不用统计也挺好；如果他们的决策出了毛病，他们会找出一大堆理由：市场难测，环境突变，竞争激烈，价格下跌，需求疲软，管理不善，成本上升，出口下降……总之，决策失误的理由肯定与统计无关。

另一个极端是把简单问题复杂化。一些管理者过于书生气，不敢越雷池一步。他们会聘请一个统计专家帮助其决策，这无可非议。但问题到了统计专家手里，就“复杂”多了。他们经常使用专业术语；他们不用简单的分析方法，而是用复杂的分析方法；他们为证明统计的科学性，建立一个别人看不懂的模型；他们编了一大堆程序，输出了一大堆数字和符号；他们得出用统计语言陈述的结论，提出一些似是而非的建议……这样的分析往往脱离了管理问题，对实际决策也未必有用。

在实际中，这两个极端都是不可取的。管理决策中不用统计几乎不可想象；把简单问题复杂化对管理决策也未必有用。在实践中，统计应该恰当地应用到它能起作用的地方。

附　录

一、中华人民共和国统计法

（1983年12月8日第六届全国人民代表大会常务委员会第三次会议通过　根据1996年5月15日第八届全国人民代表大会常务委员会第十九次会议《关于修改〈中华人民共和国统计法〉的决定》修正　2009年6月27日第十一届全国人民代表大会常务委员会第九次会议修订）

第一章　总　则

第一条　为了科学、有效地组织统计工作，保障统计资料的真实性、准确性、完整性和及时性，发挥统计在了解国情国力、服务经济社会发展中的重要作用，促进社会主义现代化建设事业发展，制定本法。

第二条　本法适用于各级人民政府、县级以上人民政府统计机构和有关部门组织实施的统计活动。

统计的基本任务是对经济社会发展情况进行统计调查、统计分析，提供统计资料和统计咨询意见，实行统计监督。

第三条　国家建立集中统一的统计系统，实行统一领导、分级负责的统计管理体制。

第四条　国务院和地方各级人民政府、各有关部门应当加强对统计工作的组织领导，为统计工作提供必要的保障。

第五条 国家加强统计科学研究，健全科学的统计指标体系，不断改进统计调查方法，提高统计的科学性。

国家有计划地加强统计信息化建设，推进统计信息搜集、处理、传输、共享、存储技术和统计数据库体系的现代化。

第六条 统计机构和统计人员依照本法规定独立行使统计调查、统计报告、统计监督的职权，不受侵犯。

地方各级人民政府、政府统计机构和有关部门以及各单位的负责人，不得自行修改统计机构和统计人员依法搜集、整理的统计资料，不得以任何方式要求统计机构、统计人员及其他机构、人员伪造、篡改统计资料，不得对依法履行职责或者拒绝、抵制统计违法行为的统计人员打击报复。

第七条 国家机关、企业事业单位和其他组织以及个体工商户和个人等统计调查对象，必须依照本法和国家有关规定，真实、准确、完整、及时地提供统计调查所需的资料，不得提供不真实或者不完整的统计资料，不得迟报、拒报统计资料。

第八条 统计工作应当接受社会公众的监督。任何单位和个人有权检举统计中弄虚作假等违法行为。对检举有功的单位和个人应当给予表彰和奖励。

第九条 统计机构和统计人员对在统计工作中知悉的国家秘密、商业秘密和个人信息，应当予以保密。

第十条 任何单位和个人不得利用虚假统计资料骗取荣誉称号、物质利益或者职务晋升。

第二章　统计调查管理

第十一条 统计调查项目包括国家统计调查项目、部门统计调查项目和地方统计调查项目。

国家统计调查项目是指全国性基本情况的统计调查项目。部门统计调查项目是指国务院有关部门的专业性统计调查项目。地方统计调查项目是指县级以上地方人民政府及其部门的地方性统计调查项目。

国家统计调查项目、部门统计调查项目、地方统计调查项目应当明确分工，互相衔接，不得重复。

第十二条　国家统计调查项目由国家统计局制定，或者由国家统计局和国务院有关部门共同制定，报国务院备案；重大的国家统计调查项目报国务院审批。

部门统计调查项目由国务院有关部门制定。统计调查对象属于本部门管辖系统的，报国家统计局备案；统计调查对象超出本部门管辖系统的，报国家统计局审批。

地方统计调查项目由县级以上地方人民政府统计机构和有关部门分别制定或者共同制定。其中，由省级人民政府统计机构单独制定或者和有关部门共同制定的，报国家统计局审批；由省级以下人民政府统计机构单独制定或者和有关部门共同制定的，报省级人民政府统计机构审批；由县级以上地方人民政府有关部门制定的，报本级人民政府统计机构审批。

第十三条　统计调查项目的审批机关应当对调查项目的必要性、可行性、科学性进行审查，对符合法定条件的，作出予以批准的书面决定，并公布；对不符合法定条件的，作出不予批准的书面决定，并说明理由。

第十四条　制定统计调查项目，应当同时制定该项目的统计调查制度，并依照本法第十二条的规定一并报经审批或者备案。

统计调查制度应当对调查目的、调查内容、调查方法、调查对象、调查组织方式、调查表式、统计资料的报送和公布等作出规定。

统计调查应当按照统计调查制度组织实施。变更统计调查制度的内容，应当报经原审批机关批准或者原备案机关备案。

第十五条　统计调查表应当标明表号、制定机关、批准或者备案文号、有效期限等标志。

对未标明前款规定的标志或者超过有效期限的统计调查表，统计调查对象有权拒绝填报；县级以上人民政府统计机构应当依法责令停止有关统计调查活动。

第十六条 搜集、整理统计资料，应当以周期性普查为基础，以经常性抽样调查为主体，综合运用全面调查、重点调查等方法，并充分利用行政记录等资料。

重大国情国力普查由国务院统一领导，国务院和地方人民政府组织统计机构和有关部门共同实施。

第十七条 国家制定统一的统计标准，保障统计调查采用的指标涵义、计算方法、分类目录、调查表式和统计编码等的标准化。

国家统计标准由国家统计局制定，或者由国家统计局和国务院标准化主管部门共同制定。

国务院有关部门可以制定补充性的部门统计标准，报国家统计局审批。部门统计标准不得与国家统计标准相抵触。

第十八条 县级以上人民政府统计机构根据统计任务的需要，可以在统计调查对象中推广使用计算机网络报送统计资料。

第十九条 县级以上人民政府应当将统计工作所需经费列入财政预算。

重大国情国力普查所需经费，由国务院和地方人民政府共同负担，列入相应年度的财政预算，按时拨付，确保到位。

第三章 统计资料的管理和公布

第二十条 县级以上人民政府统计机构和有关部门以及乡、镇人民政府，应当按照国家有关规定建立统计资料的保存、管理制度，建立健全统计信息共享机制。

第二十一条 国家机关、企业事业单位和其他组织等统计调查对象，应当按照国家有关规定设置原始记录、统计台账，建立健全统计资料的审核、签署、交接、归档等管理制度。

统计资料的审核、签署人员应当对其审核、签署的统计资料的真实性、准确性和完整性负责。

第二十二条　县级以上人民政府有关部门应当及时向本级人民政府统计机构提供统计所需的行政记录资料和国民经济核算所需的财务资料、财政资料及其他资料，并按照统计调查制度的规定及时向本级人民政府统计机构报送其组织实施统计调查取得的有关资料。

县级以上人民政府统计机构应当及时向本级人民政府有关部门提供有关统计资料。

第二十三条　县级以上人民政府统计机构按照国家有关规定，定期公布统计资料。

国家统计数据以国家统计局公布的数据为准。

第二十四条　县级以上人民政府有关部门统计调查取得的统计资料，由本部门按照国家有关规定公布。

第二十五条　统计调查中获得的能够识别或者推断单个统计调查对象身份的资料，任何单位和个人不得对外提供、泄露，不得用于统计以外的目的。

第二十六条　县级以上人民政府统计机构和有关部门统计调查取得的统计资料，除依法应当保密的外，应当及时公开，供社会公众查询。

第四章　统计机构和统计人员

第二十七条　国务院设立国家统计局，依法组织领导和协调全国的统计工作。

国家统计局根据工作需要设立的派出调查机构，承担国家统计局布置的统计调查等任务。

县级以上地方人民政府设立独立的统计机构，乡、镇人民政府设置统计工作岗位，配备专职或者兼职统计人员，依法管理、开展统计工作，实施统计调查。

第二十八条 县级以上人民政府有关部门根据统计任务的需要设立统计机构，或者在有关机构中设置统计人员，并指定统计负责人，依法组织、管理本部门职责范围内的统计工作，实施统计调查，在统计业务上受本级人民政府统计机构的指导。

第二十九条 统计机构、统计人员应当依法履行职责，如实搜集、报送统计资料，不得伪造、篡改统计资料，不得以任何方式要求任何单位和个人提供不真实的统计资料，不得有其他违反本法规定的行为。

统计人员应当坚持实事求是，恪守职业道德，对其负责搜集、审核、录入的统计资料与统计调查对象报送的统计资料的一致性负责。

第三十条 统计人员进行统计调查时，有权就与统计有关的问题询问有关人员，要求其如实提供有关情况、资料并改正不真实、不准确的资料。

统计人员进行统计调查时，应当出示县级以上人民政府统计机构或者有关部门颁发的工作证件；未出示的，统计调查对象有权拒绝调查。

第三十一条 国家实行统计专业技术职务资格考试、评聘制度，提高统计人员的专业素质，保障统计队伍的稳定性。

统计人员应当具备与其从事的统计工作相适应的专业知识和业务能力。

县级以上人民政府统计机构和有关部门应当加强对统计人员的专业培训和职业道德教育。

第五章 监督检查

第三十二条 县级以上人民政府及其监察机关对下级人民政府、

本级人民政府统计机构和有关部门执行本法的情况，实施监督。

第三十三条　国家统计局组织管理全国统计工作的监督检查，查处重大统计违法行为。

县级以上地方人民政府统计机构依法查处本行政区域内发生的统计违法行为。但是，国家统计局派出的调查机构组织实施的统计调查活动中发生的统计违法行为，由组织实施该项统计调查的调查机构负责查处。

法律、行政法规对有关部门查处统计违法行为另有规定的，从其规定。

第三十四条　县级以上人民政府有关部门应当积极协助本级人民政府统计机构查处统计违法行为，及时向本级人民政府统计机构移送有关统计违法案件材料。

第三十五条　县级以上人民政府统计机构在调查统计违法行为或者核查统计数据时，有权采取下列措施：

（一）发出统计检查查询书，向检查对象查询有关事项；

（二）要求检查对象提供有关原始记录和凭证、统计台账、统计调查表、会计资料及其他相关证明和资料；

（三）就与检查有关的事项询问有关人员；

（四）进入检查对象的业务场所和统计数据处理信息系统进行检查、核对；

（五）经本机构负责人批准，登记保存检查对象的有关原始记录和凭证、统计台账、统计调查表、会计资料及其他相关证明和资料；

（六）对与检查事项有关的情况和资料进行记录、录音、录像、照相和复制。

县级以上人民政府统计机构进行监督检查时，监督检查人员不得少于二人，并应当出示执法证件；未出示的，有关单位和个人有权拒绝检查。

第三十六条 县级以上人民政府统计机构履行监督检查职责时，有关单位和个人应当如实反映情况，提供相关证明和资料，不得拒绝、阻碍检查，不得转移、隐匿、篡改、毁弃原始记录和凭证、统计台账、统计调查表、会计资料及其他相关证明和资料。

第六章 法律责任

第三十七条 地方人民政府、政府统计机构或者有关部门、单位的负责人有下列行为之一的，由任免机关或者监察机关依法给予处分，并由县级以上人民政府统计机构予以通报：

（一）自行修改统计资料、编造虚假统计数据的；

（二）要求统计机构、统计人员或者其他机构、人员伪造、篡改统计资料的；

（三）对依法履行职责或者拒绝、抵制统计违法行为的统计人员打击报复的；

（四）对本地方、本部门、本单位发生的严重统计违法行为失察的。

第三十八条 县级以上人民政府统计机构或者有关部门在组织实施统计调查活动中有下列行为之一的，由本级人民政府、上级人民政府统计机构或者本级人民政府统计机构责令改正，予以通报；对直接负责的主管人员和其他直接责任人员，由任免机关或者监察机关依法给予处分：

（一）未经批准擅自组织实施统计调查的；

（二）未经批准擅自变更统计调查制度的内容的；

（三）伪造、篡改统计资料的；

（四）要求统计调查对象或者其他机构、人员提供不真实的统计资料的；

（五）未按照统计调查制度的规定报送有关资料的。

统计人员有前款第三项至第五项所列行为之一的，责令改正，依法给予处分。

第三十九条　县级以上人民政府统计机构或者有关部门有下列行为之一的，对直接负责的主管人员和其他直接责任人员由任免机关或者监察机关依法给予处分：

（一）违法公布统计资料的；

（二）泄露统计调查对象的商业秘密、个人信息或者提供、泄露在统计调查中获得的能够识别或者推断单个统计调查对象身份的资料的；

（三）违反国家有关规定，造成统计资料毁损、灭失的。

统计人员有前款所列行为之一的，依法给予处分。

第四十条　统计机构、统计人员泄露国家秘密的，依法追究法律责任。

第四十一条　作为统计调查对象的国家机关、企业事业单位或者其他组织有下列行为之一的，由县级以上人民政府统计机构责令改正，给予警告，可以予以通报；其直接负责的主管人员和其他直接责任人员属于国家工作人员的，由任免机关或者监察机关依法给予处分：

（一）拒绝提供统计资料或者经催报后仍未按时提供统计资料的；

（二）提供不真实或者不完整的统计资料的；

（三）拒绝答复或者不如实答复统计检查查询书的；

（四）拒绝、阻碍统计调查、统计检查的；

（五）转移、隐匿、篡改、毁弃或者拒绝提供原始记录和凭证、统计台账、统计调查表及其他相关证明和资料的。

企业事业单位或者其他组织有前款所列行为之一的，可以并处五万元以下的罚款；情节严重的，并处五万元以上二十万元以下的罚款。

个体工商户有本条第一款所列行为之一的，由县级以上人民政府统计机构责令改正，给予警告，可以并处一万元以下的罚款。

第四十二条　作为统计调查对象的国家机关、企业事业单位或者其他组织迟报统计资料，或者未按照国家有关规定设置原始记录、统计台账的，由县级以上人民政府统计机构责令改正，给予警告。

企业事业单位或者其他组织有前款所列行为之一的，可以并处一万元以下的罚款。

个体工商户迟报统计资料的，由县级以上人民政府统计机构责令改正，给予警告，可以并处一千元以下的罚款。

第四十三条 县级以上人民政府统计机构查处统计违法行为时，认为对有关国家工作人员依法应当给予处分的，应当提出给予处分的建议；该国家工作人员的任免机关或者监察机关应当依法及时作出决定，并将结果书面通知县级以上人民政府统计机构。

第四十四条 作为统计调查对象的个人在重大国情国力普查活动中拒绝、阻碍统计调查，或者提供不真实或者不完整的普查资料的，由县级以上人民政府统计机构责令改正，予以批评教育。

第四十五条 违反本法规定，利用虚假统计资料骗取荣誉称号、物质利益或者职务晋升的，除对其编造虚假统计资料或者要求他人编造虚假统计资料的行为依法追究法律责任外，由作出有关决定的单位或者其上级单位、监察机关取消其荣誉称号，追缴获得的物质利益，撤销晋升的职务。

第四十六条 当事人对县级以上人民政府统计机构作出的行政处罚决定不服的，可以依法申请行政复议或者提起行政诉讼。其中，对国家统计局在省、自治区、直辖市派出的调查机构作出的行政处罚决定不服的，向国家统计局申请行政复议；对国家统计局派出的其他调查机构作出的行政处罚决定不服的，向国家统计局在该派出机构所在的省、自治区、直辖市派出的调查机构申请行政复议。

第四十七条 违反本法规定，构成犯罪的，依法追究刑事责任。

第七章 附 则

第四十八条 本法所称县级以上人民政府统计机构，是指国家统计局及其派出的调查机构、县级以上地方人民政府统计机构。

第四十九条　民间统计调查活动的管理办法，由国务院制定。

中华人民共和国境外的组织、个人需要在中华人民共和国境内进行统计调查活动的，应当按照国务院的规定报请审批。

利用统计调查危害国家安全、损害社会公共利益或者进行欺诈活动的，依法追究法律责任。

第五十条　本法自2010年1月1日起施行。

二、中华人民共和国统计法实施条例

（2017年6月19日颁布，自2017年8月1日起施行）

第一章　总　则

第一条　根据《中华人民共和国统计法》（以下简称统计法），制定本条例。

第二条　统计资料能够通过行政记录取得的，不得组织实施调查。通过抽样调查、重点调查能够满足统计需要的，不得组织实施全面调查。

第三条　县级以上人民政府统计机构和有关部门应当加强统计规律研究，健全新兴产业等统计，完善经济、社会、科技、资源和环境统计，推进互联网、大数据、云计算等现代信息技术在统计工作中的应用，满足经济社会发展需要。

第四条　地方人民政府、县级以上人民政府统计机构和有关部门应当根据国家有关规定，明确本单位防范和惩治统计造假、弄虚作假的责任主体，严格执行统计法和本条例的规定。

地方人民政府、县级以上人民政府统计机构和有关部门及其负责人应当保障统计活动依法进行，不得侵犯统计机构、统计人员独立行使统计调查、统计报告、统计监督职权，不得非法干预统计调查对象提供统计资料，不得统计造假、弄虚作假。

统计调查对象应当依照统计法和国家有关规定，真实、准确、完整、及时地提供统计资料，拒绝、抵制弄虚作假等违法行为。

第五条 县级以上人民政府统计机构和有关部门不得组织实施营利性统计调查。

国家有计划地推进县级以上人民政府统计机构和有关部门通过向社会购买服务组织实施统计调查和资料开发。

第二章　统计调查项目

第六条 部门统计调查项目、地方统计调查项目的主要内容不得与国家统计调查项目的内容重复、矛盾。

第七条 统计调查项目的制定机关（以下简称制定机关）应当就项目的必要性、可行性、科学性进行论证，征求有关地方、部门、统计调查对象和专家的意见，并由制定机关按照会议制度集体讨论决定。

重要统计调查项目应当进行试点。

第八条 制定机关申请审批统计调查项目，应当以公文形式向审批机关提交统计调查项目审批申请表、项目的统计调查制度和工作经费来源说明。

申请材料不齐全或者不符合法定形式的，审批机关应当一次性告知需要补正的全部内容，制定机关应当按照审批机关的要求予以补正。

申请材料齐全、符合法定形式的，审批机关应当受理。

第九条 统计调查项目符合下列条件的，审批机关应当作出予以批准的书面决定：

（一）具有法定依据或者确为公共管理和服务所必需；

（二）与已批准或者备案的统计调查项目的主要内容不重复、不矛盾；

（三）主要统计指标无法通过行政记录或者已有统计调查资料加工整理取得；

（四）统计调查制度符合统计法律法规规定，科学、合理、可行；

（五）采用的统计标准符合国家有关规定；

（六）制定机关具备项目执行能力。

不符合前款规定条件的，审批机关应当向制定机关提出修改意见；修改后仍不符合前款规定条件的，审批机关应当作出不予批准的书面决定并说明理由。

第十条 统计调查项目涉及其他部门职责的，审批机关应当在作出审批决定前，征求相关部门的意见。

第十一条 审批机关应当自受理统计调查项目审批申请之日起 20 日内作出决定。20 日内不能作出决定的，经审批机关负责人批准可以延长 10 日，并应当将延长审批期限的理由告知制定机关。

制定机关修改统计调查项目的时间，不计算在审批期限内。

第十二条 制定机关申请备案统计调查项目，应当以公文形式向备案机关提交统计调查项目备案申请表和项目的统计调查制度。

统计调查项目的调查对象属于制定机关管辖系统，且主要内容与已批准、备案的统计调查项目不重复、不矛盾的，备案机关应当依法给予备案文号。

第十三条 统计调查项目经批准或者备案的，审批机关或者备案机关应当及时公布统计调查项目及其统计调查制度的主要内容。涉及国家秘密的统计调查项目除外。

第十四条 统计调查项目有下列情形之一的，审批机关或者备案机关应当简化审批或者备案程序，缩短期限：

（一）发生突发事件需要迅速实施统计调查；

（二）统计调查制度内容未作变动，统计调查项目有效期届满需要延长期限。

第十五条 统计法第十七条第二款规定的国家统计标准是强制执行标准。各级人民政府、县级以上人民政府统计机构和有关部门组织实施的统计调查活动，应当执行国家统计标准。

制定国家统计标准，应当征求国务院有关部门的意见。

第三章 统计调查的组织实施

第十六条 统计机构、统计人员组织实施统计调查，应当就统计调查对象的法定填报义务、主要指标涵义和有关填报要求等，向统计调查对象作出说明。

第十七条 国家机关、企业事业单位或者其他组织等统计调查对象提供统计资料，应当由填报人员和单位负责人签字，并加盖公章。个人作为统计调查对象提供统计资料，应当由本人签字。统计调查制度规定不需要签字、加盖公章的除外。

统计调查对象使用网络提供统计资料的，按照国家有关规定执行。

第十八条 县级以上人民政府统计机构、有关部门推广使用网络报送统计资料，应当采取有效的网络安全保障措施。

第十九条 县级以上人民政府统计机构、有关部门和乡、镇统计人员，应当对统计调查对象提供的统计资料进行审核。统计资料不完整或者存在明显错误的，应当由统计调查对象依法予以补充或者改正。

第二十条 国家统计局应当建立健全统计数据质量监控和评估制度，加强对各省、自治区、直辖市重要统计数据的监控和评估。

第四章 统计资料的管理和公布

第二十一条 县级以上人民政府统计机构、有关部门和乡、镇人民政府应当妥善保管统计调查中取得的统计资料。

国家建立统计资料灾难备份系统。

第二十二条 统计调查中取得的统计调查对象的原始资料，应当至少保存2年。

汇总性统计资料应当至少保存10年，重要的汇总性统计资料应当永久保存。法律法规另有规定的，从其规定。

第二十三条　统计调查对象按照国家有关规定设置的原始记录和统计台账，应当至少保存2年。

第二十四条　国家统计局统计调查取得的全国性统计数据和分省、自治区、直辖市统计数据，由国家统计局公布或者由国家统计局授权其派出的调查机构或者省级人民政府统计机构公布。

第二十五条　国务院有关部门统计调查取得的统计数据，由国务院有关部门按照国家有关规定和已批准或者备案的统计调查制度公布。

县级以上地方人民政府有关部门公布其统计调查取得的统计数据，比照前款规定执行。

第二十六条　已公布的统计数据按照国家有关规定需要进行修订的，县级以上人民政府统计机构和有关部门应当及时公布修订后的数据，并就修订依据和情况作出说明。

第二十七条　县级以上人民政府统计机构和有关部门应当及时公布主要统计指标涵义、调查范围、调查方法、计算方法、抽样调查样本量等信息，对统计数据进行解释说明。

第二十八条　公布统计资料应当按照国家有关规定进行。公布前，任何单位和个人不得违反国家有关规定对外提供，不得利用尚未公布的统计资料谋取不正当利益。

第二十九条　统计法第二十五条规定的能够识别或者推断单个统计调查对象身份的资料包括：

（一）直接标明单个统计调查对象身份的资料；

（二）虽未直接标明单个统计调查对象身份，但是通过已标明的地址、编码等相关信息可以识别或者推断单个统计调查对象身份的资料；

（三）可以推断单个统计调查对象身份的汇总资料。

第三十条 统计调查中获得的能够识别或者推断单个统计调查对象身份的资料应当依法严格管理，除作为统计执法依据外，不得直接作为对统计调查对象实施行政许可、行政处罚等具体行政行为的依据，不得用于完成统计任务以外的目的。

第三十一条 国家建立健全统计信息共享机制，实现县级以上人民政府统计机构和有关部门统计调查取得的资料共享。制定机关共同制定的统计调查项目，可以共同使用获取的统计资料。

统计调查制度应当对统计信息共享的内容、方式、时限、渠道和责任等作出规定。

第五章　统计机构和统计人员

第三十二条 县级以上地方人民政府统计机构受本级人民政府和上级人民政府统计机构的双重领导，在统计业务上以上级人民政府统计机构的领导为主。

乡、镇人民政府应当设置统计工作岗位，配备专职或者兼职统计人员，履行统计职责，在统计业务上受上级人民政府统计机构领导。乡、镇统计人员的调动，应当征得县级人民政府统计机构的同意。

县级以上人民政府有关部门在统计业务上受本级人民政府统计机构指导。

第三十三条 县级以上人民政府统计机构和有关部门应当完成国家统计调查任务，执行国家统计调查项目的统计调查制度，组织实施本地方、本部门的统计调查活动。

第三十四条 国家机关、企业事业单位和其他组织应当加强统计基础工作，为履行法定的统计资料报送义务提供组织、人员和工作条件保障。

第三十五条 对在统计工作中做出突出贡献、取得显著成绩的单位和个人，按照国家有关规定给予表彰和奖励。

第六章 监督检查

第三十六条 县级以上人民政府统计机构从事统计执法工作的人员，应当具备必要的法律知识和统计业务知识，参加统计执法培训，并取得由国家统计局统一印制的统计执法证。

第三十七条 任何单位和个人不得拒绝、阻碍对统计工作的监督检查和对统计违法行为的查处工作，不得包庇、纵容统计违法行为。

第三十八条 任何单位和个人有权向县级以上人民政府统计机构举报统计违法行为。

县级以上人民政府统计机构应当公布举报统计违法行为的方式和途径，依法受理、核实、处理举报，并为举报人保密。

第三十九条 县级以上人民政府统计机构负责查处统计违法行为；法律、行政法规对有关部门查处统计违法行为另有规定的，从其规定。

第七章 法律责任

第四十条 下列情形属于统计法第三十七条第四项规定的对严重统计违法行为失察，对地方人民政府、政府统计机构或者有关部门、单位的负责人，由任免机关或者监察机关依法给予处分，并由县级以上人民政府统计机构予以通报：

（一）本地方、本部门、本单位大面积发生或者连续发生统计造假、弄虚作假；

（二）本地方、本部门、本单位统计数据严重失实，应当发现而未发现；

（三）发现本地方、本部门、本单位统计数据严重失实不予纠正。

第四十一条 县级以上人民政府统计机构或者有关部门组织实施营利性统计调查的，由本级人民政府、上级人民政府统计机构或者本级人民政府统计机构责令改正，予以通报；有违法所得的，没收违法所得。

第四十二条 地方各级人民政府、县级以上人民政府统计机构或者有关部门及其负责人，侵犯统计机构、统计人员独立行使统计调查、统计报告、统计监督职权，或者采用下发文件、会议布置以及其他方式授意、指使、强令统计调查对象或者其他单位、人员编造虚假统计资料的，由上级人民政府、本级人民政府、上级人民政府统计机构或者本级人民政府统计机构责令改正，予以通报。

第四十三条 县级以上人民政府统计机构或者有关部门在组织实施统计调查活动中有下列行为之一的，由本级人民政府、上级人民政府统计机构或者本级人民政府统计机构责令改正，予以通报：

（一）违法制定、审批或者备案统计调查项目；

（二）未按照规定公布经批准或者备案的统计调查项目及其统计调查制度的主要内容；

（三）未执行国家统计标准；

（四）未执行统计调查制度；

（五）自行修改单个统计调查对象的统计资料。

乡、镇统计人员有前款第三项至第五项所列行为的，责令改正，依法给予处分。

第四十四条 县级以上人民政府统计机构或者有关部门违反本条例第二十四条、第二十五条规定公布统计数据的，由本级人民政府、上级人民政府统计机构或者本级人民政府统计机构责令改正，予以通报。

第四十五条 违反国家有关规定对外提供尚未公布的统计资料或者利用尚未公布的统计资料谋取不正当利益的，由任免机关或者监察机关依法给予处分，并由县级以上人民政府统计机构予以通报。

第四十六条 统计机构及其工作人员有下列行为之一的，由本级人民政府或者上级人民政府统计机构责令改正，予以通报：

（一）拒绝、阻碍对统计工作的监督检查和对统计违法行为的查处工作；

（二）包庇、纵容统计违法行为；

（三）向有统计违法行为的单位或者个人通风报信，帮助其逃避查处；

（四）未依法受理、核实、处理对统计违法行为的举报；

（五）泄露对统计违法行为的举报情况。

第四十七条　地方各级人民政府、县级以上人民政府有关部门拒绝、阻碍统计监督检查或者转移、隐匿、篡改、毁弃原始记录和凭证、统计台账、统计调查表及其他相关证明和资料的，由上级人民政府、上级人民政府统计机构或者本级人民政府统计机构责令改正，予以通报。

第四十八条　地方各级人民政府、县级以上人民政府统计机构和有关部门有本条例第四十一条至第四十七条所列违法行为之一的，对直接负责的主管人员和其他直接责任人员，由任免机关或者监察机关依法给予处分。

第四十九条　乡、镇人民政府有统计法第三十八条第一款、第三十九条第一款所列行为之一的，依照统计法第三十八条、第三十九条的规定追究法律责任。

第五十条　下列情形属于统计法第四十一条第二款规定的情节严重行为：

（一）使用暴力或者威胁方法拒绝、阻碍统计调查、统计监督检查；

（二）拒绝、阻碍统计调查、统计监督检查，严重影响相关工作正常开展；

（三）提供不真实、不完整的统计资料，造成严重后果或者恶劣影响；

（四）有统计法第四十一条第一款所列违法行为之一，1年内被责令改正3次以上。

第五十一条 统计违法行为涉嫌犯罪的，县级以上人民政府统计机构应当将案件移送司法机关处理。

第八章 附 则

第五十二条 中华人民共和国境外的组织、个人需要在中华人民共和国境内进行统计调查活动的，应当委托中华人民共和国境内具有涉外统计调查资格的机构进行。涉外统计调查资格应当依法报经批准。统计调查范围限于省、自治区、直辖市行政区域内的，由省级人民政府统计机构审批；统计调查范围跨省、自治区、直辖市行政区域的，由国家统计局审批。

涉外社会调查项目应当依法报经批准。统计调查范围限于省、自治区、直辖市行政区域内的，由省级人民政府统计机构审批；统计调查范围跨省、自治区、直辖市行政区域的，由国家统计局审批。

第五十三条 国家统计局或者省级人民政府统计机构对涉外统计违法行为进行调查，有权采取统计法第三十五条规定的措施。

第五十四条 对违法从事涉外统计调查活动的单位、个人，由国家统计局或者省级人民政府统计机构责令改正或者责令停止调查，有违法所得的，没收违法所得；违法所得50万元以上的，并处违法所得1倍以上3倍以下的罚款；违法所得不足50万元或者没有违法所得的，处200万元以下的罚款；情节严重的，暂停或者取消涉外统计调查资格，撤销涉外社会调查项目批准决定；构成犯罪的，依法追究刑事责任。

第五十五条 本条例自2017年8月1日起施行。1987年1月19日国务院批准、1987年2月15日国家统计局公布，2000年6月2日国务院批准修订、2000年6月15日国家统计局公布，2005年12月16

日国务院修订的《中华人民共和国统计法实施细则》同时废止。

三、中国航天科工集团有限公司统计管理办法

（2019 年 5 月 30 日修订下发）

第一章　总　则

第一条　为加强中国航天科工集团有限公司（以下简称集团公司）统计工作，规范统计工作行为，保障统计资料的真实性、准确性、完整性和及时性，充分发挥统计工作在集团公司经济发展中的作用，根据《中华人民共和国统计法》（以下简称统计法）和《中华人民共和国统计法实施条例》（以下简称条例），以及国防科工局《国防科技工业统计工作管理办法》（科工计〔2018〕1781 号）和国防科工局《国防军工统计和经济分析工作考核管理暂行办法》（科工计〔2012〕1080 号）（以下简称国防科工局办法），制定本办法。

第二条　本办法适用于集团公司及所属企事业单位、集团公司全资及控股公司（以下简称各单位）。

第三条　集团公司统计工作实行统一领导、分级管理。

第四条　统计工作的基本任务是：对各单位的科研生产、经营管理等方面进行统计调查、统计分析，提供统计信息和咨询服务，实行统计监督。

第五条　统计业务包括综合统计和专业统计两部分。综合统计以专业统计为基础，指导专业统计。专业统计向综合统计提供必要的统计信息，综合统计向专业统计反馈必要的统计信息。

第六条　统计工作必须保持连续性和稳定性。各单位应加强对统计工作的组织领导，落实必要的人员和经费，为统计工作提供必要的保障条件，积极推进统计信息化建设。

第七条 各单位应当根据《统计法》《条例》《国防科工局办法》和国家有关规定，明确本单位防范和惩治统计造假、弄虚作假的责任主体，依法依规开展统计工作。

各单位及其负责人应当保障统计活动依法进行，不得侵犯统计机构、统计人员独立行使统计调查、统计报告、统计监督职权，不得非法干预统计调查对象提供统计资料，不得统计造假、弄虚作假。

统计调查对象应当依照《统计法》《条例》《国防科工局办法》和国家有关规定，真实、准确、完整、及时地提供统计资料，杜绝虚报、瞒报、伪造、篡改统计数据等违法行为。

第八条 各级统计机构和统计人员必须严格遵守保密规定，对在统计工作中知悉的国家秘密、集团公司商业秘密应当予以保密。

第九条 各单位应开展统计工作年度考核，对取得显著成绩的集体和个人进行表彰奖励。

第二章 统计机构及人员的设置与职责

第十条 统计机构和人员设置：

集团公司发展计划部是集团公司综合统计工作的归口管理部门，总部部门是专业统计的主管部门。

各单位应当根据统计法和上级有关要求，设置统计管理机构，配备专职或兼职统计人员，依法组织、管理统计工作，实施统计调查。

第十一条 统计机构的主要职责：

（一）组织落实国家和上级单位出台的统计法律法规；组织、指导、协调、检查统计工作；完成国家、上级单位、本部门和本单位的统计调查任务。

（二）研究制定统计管理制度、统计指标体系、统计调查制度；负责管理统计资料；按照规定向国家有关部门和上级单位报送和提供统计资料。

（三）结合科研生产、经营管理情况，组织开展统计分析工作；组织、指导所属单位开展统计分析、统计预测和统计监督。

（四）负责对所属单位的统计业务进行管理和指导，组织开展统计人员统计职业道德教育和统计人员业务培训工作。

（五）加强统计基础工作和统计工作信息化建设，保障统计信息管理系统顺畅运行。

（六）监督检查各单位统计法规执行情况，对所属单位统计工作进行考核和奖惩。

第十二条　三级及以下单位统计机构要建立健全原始记录、统计台账和统计核算制度，管理好本单位的统计调查表和统计资料。

第十三条　统计人员的基本职责：

（一）完成国家和集团公司有关部门组织的统计调查任务，执行国家统计标准，贯彻执行国家统计法规和集团公司各项统计管理制度。

（二）加强统计基础工作建设，建立健全本单位原始记录、统计台账和统计档案制度，组织开展本单位各项统计业务工作。

（三）积极参与本单位综合管理工作，定期开展统计分析和统计预测，努力提高统计服务质量和水平。

第十四条　统计人员应具备一定的统计理论基础知识，掌握基本的统计方法和统计手段，具备一定的统计分析能力。统计人员应积极参加集团公司和国家有关统计部门组织的专业培训和职业道德教育，提高业务能力和职业道德素质。

第十五条　统计人员应当坚持实事求是，恪守职业道德，对其负责收集、审核、录入的统计资料与统计调查对象报送的统计资料的一致性负责。统计人员进行统计调查时，有权就与统计有关的问题询问有关人员，要求其如实提供有关情况、资料并改正不真实、不准确的资料。

第十六条　各单位应保持统计人员相对稳定，不得无故、随意更换统计人员，保障统计队伍稳定性。下一级单位统计人员变动需及时向上一级统计机构报备，备案信息包括统计人员姓名、工作单位、年龄、联系方式、统计工作起始年度等。集团公司于年度末对统计人员信息进行更新、确认。

第十七条 各单位应建立健全统计工作交接制度。统计人员调动工作或离职，应当由具备统计工作能力的人员接替。

统计人员离开统计工作岗位时，对其掌握的统计资料、统计软件、统计业务联系人名单等事项，必须向其接替人员交接清楚，保证统计工作的连续性。

因体制变化或能力调整等原因不再承担军品科研生产任务的单位，要做好已有涉密统计资料的清理和移交归档工作。

第十八条 各级统计机构对下一级统计机构实施统计监督检查，并配合政府统计执法部门对所属单位的统计违法行为进行查处。任何单位和个人不得阻碍对统计工作的监督检查和统计违法案件的查处工作，不得包庇、纵容统计违法行为。

统计机构和统计人员接受统计监督检查时。应当如实反映情况，提供相关证明和资料，不得拒绝、阻碍检查，不得转移、隐匿、篡改、毁弃原始记录和凭证、统计台账、统计调查表及其他相关证明和资料。

第十九条 统计机构和统计人员有权拒绝填报非法统计报表，有权拒绝违反规定的各种涉及武器装备科研生产建设内容的统计调查和统计检查，并及时向上一级反映情况。

第二十条 统计机构和统计人员具有独立行使统计调查、统计报告和统计监督的职权，应当依法履行职责，如实搜集、报送统计资料，不得伪造、篡改统计资料，不得以任何方式要求任何单位和个人提供不真实的统计资料，不得有其他违反《统计法》规定的行为。

第三章 统计调查管理

第二十一条 各单位要严格执行国家、上级统计调查项目和统计调查制度，根据实际需要制定本单位的统计调查项目和统计调查制度。集团公司的统计调查项目和统计调查制度由集团公司发展计划部归口管理，总部各业务部门自行制定的统计调查项目和统计调查制度应经过发展计划部会签。

集团公司现行的统计调查制度包括月报、季报、半年报和年报等制度。

第二十二条　各单位拟订的统计调查项目应当符合必要性、可行性、科学性要求。符合下列条件的统计调查项目方能进行统计调查：

（一）具有法定依据，符合拟订调查项目单位或部门的职责；

（二）与国家、上级已有的统计调查项目主要内容不重复；

（三）需要调查的统计指标不能通过已有的材料或者统计资料加工整理取得；

（四）拟订调查项目的单位或部门具备该调查项目的执行能力；

（五）统计调查制度所规定的内容科学、合理、可行，采用的统计标准符合国家有关规定。

第二十三条　集团公司统计调查制度应当对调查目的、调查内容、调查对象、调查组织方式、调查表式、统计资料的报送和公布等作出明确规定，统计调查应当按照统计调查制度组织实施。

制定集团公司统计调查制度时，应本着统计核算、会计核算、业务核算相一致的原则，统一调查指标，精简调查报表。统计调查表应当按照《国防科工局办法》相关规定制作。

第二十四条　各单位应严格执行国家统一制定的统计标准。在实施统计调查中采用的指标涵义、计算方法、分类目录、调查表式和统计编码等内容，应以国家统计标准和要求为准。各单位自定的统计标准不得与国家统计标准相抵触。

各单位发生业务结构、统计核算口径、上年同期数据等变更时，应报集团公司审核同意后方可实施。

第二十五条 各单位应当对统计调查对象提供的统计资料进行审核，统计资料不完整或者存在明显错误的，应由统计调查对象依法给予补充或者改正。

第四章 统计资料的管理和公布

第二十六条 各单位应按照国家有关规定设置原始记录、统计台账。应建立健全统计资料的审核、签署、交接和归档等管理制度。各单位应结合信息化建设，实现统计数据采集、审核、加工、管理、发布等环节的自动化、透明化，实现数据来源于系统、来源于科研生产经营管理过程，实现数据架构层级的扁平化。

第二十七条 统计资料的审核和签署人员应当对其审核、签署的统计资料真实性、准确性和完整性负责。上报、更正、补报统计资料，应严格履行由填报人、主管部门负责人、单位负责人三级审查制度。

第二十八条 各单位领导对统计机构和统计人员提供的统计资料，不得随意更改。需要订正的，应当由统计人员进行核实、订正，统计人员要对订正后的统计资料的真实性负责。各单位的统计资料一经正式上报即为有效数据，不得任意更改、推翻。

第二十九条 各单位有关部门应当及时向本单位统计机构提供统计所需的财务资料及其他资料。各单位统计机构应当及时向本单位有关部门提供有关的统计资料。专业统计部门应按照统计调查制度的规定及时向综合统计部门抄送其组织实施统计调查取得的有关资料。

第三十条 各单位应确保统计数据的唯一性。对于同一个单位，相同的统计指标在确定的时间段内，其统计数据必须是唯一的。综合统计部门要组织专业统计部门，通过会商、会审制度确保数据的准确性和唯一性。

第三十一条 各单位应按照国家有关规定建立健全统计资料管理制度，妥善保管统计资料。各单位在统计调查中获得的原始资料应当至少保存 2 年，汇总性统计资料应当至少保存 10 年，重要的汇总性统计资料应当永久保存。法律法规另有规定的，从其规定。

第三十二条 集团公司取得的各项统计调查资料，由集团公司有关部门按照国家有关规定公布。各单位应建立健全统计信息共享机制，建立统计数据信息发布制度，充分发挥统计信息服务功能。

第五章 统计工作考核

第三十三条 各级统计机构应定期对所属单位的统计工作进行考核。考核内容包括：统计报表填报情况；统计法规执行情况；统计队伍建设和统计人员业务培训情况；统计分析工作开展情况；统计基础工作和统计工作信息化建设情况。考核结果作为统计奖惩依据之一。

第三十四条 统计报表填报情况考核的主要内容包括：及时性、准确性和完整性。及时性主要考核报表按时报送情况；准确性主要考核统计数据真实可信情况；完整性主要考核报送材料齐全情况，包括数据报表、异动指标原因和情况说明、文件标密等。

第三十五条 统计法规执行情况考核的主要内容包括：是否认真执行统计法和国家统计标准，是否严格遵守上级单位或部门的统计要求；有无随意调整统计核算方法和统计口径的现象；是否设置统计机构；是否建立统计管理制度并严格执行；数据采集是否规范，统计核算数据与业务核算数据是否一致。

第三十六条 统计队伍建设和统计人员业务培训情况考核的主要内容包括：是否设立专（兼）职统计岗位并配备具有上岗资格的统计人员；统计人员队伍是否相对稳定，有无随意更换统计人员现象；更换统计人员时，是否向上级单位报备；是否参加国家有关统计部门、集团公司和上一级单位组织的统计培训；是否积极利用各种培训资源组织本单位统计人员开展统计职业道德教育和统计业务知识学习。

第三十七条 统计分析工作开展情况考核的主要内容包括：统计

人员是否利用统计资料和统计方法编写统计分析报告和统计预测；是否积极参加上级部门组织的统计征文活动。

第三十八条 统计基础工作和统计工作信息化建设情况考核的主要内容包括：是否建立统计档案制度和统计工作交接制度；统计原始凭证、原始记录和统计台账是否健全、真实可信；是否建立统计信息系统，实现统计数据采集、审核、加工、管理、发布等环节的信息化。是否按要求对年度统计资料或历史统计资料进行整理汇编并妥善保存。

第六章　法律责任

第三十九条 各单位负责人有下列行为之一的，由任免机构或监察机构依法给予处分：

（一）自行修改统计资料、编造虚假统计数据的；

（二）要求统计机构、统计人员伪造、篡改统计资料的；

（三）对依法履行职责或者拒绝、抵制统计违法行为的统计人员打击报复的；

（四）对本单位发生的严重统计违法行为失察的。

第四十条 统计机构、统计人员或者有关部门有下列行为之一的，对直接负责的主管人员和其他直接责任人员，由任免机构或者监察机构依法给予处分：

（一）未经批准擅自组织实施统计调查的；

（二）未经批准擅自变更统计调查制度内容的；

（三）伪造、篡改统计资料的；

（四）要求统计调查对象提供不真实的统计资料的；

（五）未按照统计调查制度的规定报送有关资料的；

（六）违法公布统计资料的；

（七）泄露统计调查对象的商业秘密和资料的；

（八）违反国家有关规定，造成统计资料毁损、灭失的。

第四十一条　各单位有下列行为之一的，由上一级统计管理部门责令改正，给予警告，其直接负责的主管人员和其他直接责任人员由任免机构或者监察机构依法给予处分：

（一）未按照国家有关规定设置原始记录、统计台账的；

（二）拒绝提供统计资料或者经催报后仍未按时提供统计资料的；

（三）提供不真实或者不完整的统计资料的；

（四）屡次迟报统计资料，拒不改正的；

（五）拒绝、阻碍统计调查、统计检查的；

（六）转移、隐匿、篡改、毁弃或者拒绝提供原始记录和凭证、统计台账、统计调查表及其相关证明和资料的。

第四十二条　统计机构、统计人员泄露国家秘密和集团公司商业秘密的，依照国家和集团公司有关规定处理。

第四十三条　上一级统计管理部门查处统计违法行为时，认为对有关责任人员依法应当给予处分的，应当提出给予处分的建议，由任免机构及时作出决定，并将结果书面通知上一级统计管理部门。

第四十四条　任何单位和个人有权检举统计中弄虚作假等违法行为。对违反《统计法》规定，利用虚假统计资料骗取荣誉称号、物质利益或者职务晋升的，除对其编造虚假统计资料或者要求他人编造虚假统计资料的行为依法追究法律责任外，由作出决定的单位或者其上级主管单位取消其荣誉称号，追缴获得的物质利益，撤销晋升的职务，涉嫌犯罪的移送司法机关处理。

第七章　附　则

第四十五条　本办法由集团公司负责解释。

第四十六条　本办法自印发之日起施行。原《中国航天科工集团公司统计管理办法》（天工法计〔2015〕1021号）同时废止。

四、工业统计常用法定计量单位和换算

1. 常用法定计量单位

附表 1　常用法定单位

量的名称	单位名称	单位符号	常用单位换算
长度	米	m	1 米＝10 分米
	分米	dm	1 分米＝10 厘米
	厘米	cm	1 厘米＝10 毫米
	毫米	mm	1 毫米＝1000 微米
	微米	μm	
质量（重量）	吨	t	1 吨＝1000 千克（公斤）
	千克（公斤）	kg	1 千克（公斤）＝1000 克
	克	g	1 克＝1000 毫克
	毫克	mg	
时间	天（日）	d	1 天（日）＝24[小]时
	[小]时	h	1[小]时＝60 分
	分	min	1 分＝60 秒
	秒	s	
电流	安[培]	A	1 安[培]＝1000 毫安[培]
	毫安[培]	mA	
面积	平方千米（平方公里）	km^2	1 平方千米＝10^6 平方米
	平方米	m^2	1 平方米＝10000 平方厘米
	平方厘米	cm^2	1 平方厘米＝100 平方毫米
	平方毫米	mm^2	
体积、容积	立方米（千升）	m^3（kL）	1 立方米（千升）＝1000 立方分米（升）
	立方分米（升）	dm^3（L）	1 立方分米（升）＝1000 立方厘米（毫升）
	立方厘米（毫升）	cm^3（mL）	
速度	米每秒	m/s	1 米每秒＝100 厘米每秒
	厘米每秒	cm/s	

续表

量的名称	单位名称	单位符号	常用单位换算
密度	千克每立方米	kg/m^3	
频率	赫(兹)	Hz	
旋转速度	转每分	r/min	
能量、功、热	焦[耳]	J	
	电子伏[特]	eV	1 电子伏[特]≈1.6021892×10^{-19}焦[耳]
	千瓦小时	kW·h	1 千瓦小时=3.6×10^6焦[耳]
	兆电子伏[特]	MeV	1 兆电子伏[特]=10^6电子伏[特]
摄氏温度	摄氏度	℃	
功率	千瓦[特]	kW	1 千瓦[特]=1000 瓦[特]
	瓦[特]	W	1 瓦[特]=1000 毫瓦[特]
	毫瓦[特]	mW	
电位	千伏[特]	kV	1 千伏[特]=1000 伏[特]
电压	伏[特]	V	
电容	法[拉]	F	1 法[拉]=10^6微法[拉]
	微法[拉]	μF	
电阻	兆欧[姆]	MΩ	1 兆欧[姆]=10^6欧[姆]
	千欧[姆]	kΩ	1 千欧[姆]=1000 欧[姆]
	欧[姆]	Ω	

注：1. [ ]内的字，是在不致混淆的情况下，可以省略的字。

2. ( )内的字，为前者的同义语。

2. 市制单位与法定计量单位的换算

长度

1 厘=1/3000 米=0.3 毫米，1 毫米=3 厘

1 分=10 厘=3.3 毫米，1 毫米=0.3 分

1 寸=10 分=3.3 厘米，1 厘米=0.3 寸

1 尺=10 寸=33.3 厘米，1 米=3 尺

1 丈=10 尺=3.3 米，10 米=3 丈

1 里=150 丈=500 米，1 千米（公里）=2 里

质量（重量）

1 分=0.5 克=500 毫克，1 毫克=0.002 分

1 钱=10 分=5 克，1 克=0.2 钱

1 两=10 钱=50 克，1 克=0.02 两

1 斤=10 两=500 克，1 千克（公斤）=2 斤

1 市担=100 斤=50 千克（公斤），1 千克（公斤）=0.02 市担

面积

1 市厘=60/9 平方米=6.6 平方米

1 市分=10 市厘=66.6 平方米

1 市亩=10 市分=60 平方丈=666.6 平方米

1 公顷=15 市亩=1 垧=10000 平方米=0.01 平方千米

3. 常用功能单位换算

附表 2　常用功能单位换算表

公斤·米 (Kilogrammetre)	焦耳(Joule)	千瓦·小时 (Kilowatthour)	英尺·磅 (Foot - pound)	英马力·小时 (Horsepowerhour)	大卡 (Kilocalorie)	英热单位 (BTU)
1	9.8067	2.72×10^{-6}	7.233	3.65×10^{-6}	2.34×10^{-3}	9.296×10^{-3}
0.10197	1	2.78×10^{-7}	0.7376	0.4×10^{-6}	2.39×10^{-4}	9.48×10^{-4}
367100	3600000	1	2655200	1.341	859.8	3412.1
0.13826	1.3558	3.77×10^{-7}	1	5.05×10^{-7}	3.24×10^{-4}	1.285×10^{-3}
273745	2684500	0.7457	1980000	1	641.24	254465
426.94	4186.8	1.163×10^{-3}	3087.77	1.56×10^{-3}	1	3.9683
107.59	1055.1	2.93×10^{-4}	778.17	3.93×10^{-4}	0.252	1

注:1 公斤·米:将 1 公斤的物体移动 1 米距离的工作。

千瓦:电的功率单位。

1 千瓦=1000 瓦:每秒钟能做 102 公斤·米的工作=1.34 英马力。

1 瓦:1 焦耳/秒。

1 焦耳:1 牛顿力使物体移动 1 米的功(使质量为 1 公斤的物体得到每秒 1 米加速度之力,叫作 1 牛顿)。即 1 安培电流在 1 欧姆电阻上,1 秒钟内所消耗的电能。

1 千瓦·小时:1 千瓦的发电机连续开动一小时所做的功=1 度(电)。

1 英尺·磅:将 1 磅的物体移动 1 英尺距离的工作。

马力:功率单位。分英美制和公制,英美制 1 马力等于在 1 秒钟内把 550 磅重的物体提高 1 英尺(=每秒 76 公斤·米)所做的功,等于 0.746 千瓦;公制 1 马力等于在 1 秒钟内把重 75 公斤的物体提高 1 米所做的功,等于 0.736 千瓦。1 英美制马力=1.01387 公制马力。

1 马力·小时:1 马力机器连续开动 1 小时所做的功。

1 千卡:即 1000 卡路里,即 1"大卡"。

1 卡路里=使 1 克水的温度升高 1 摄氏度所需要的热量。

1 英热单位(BTU):使 1 磅水的温度升高 1 华氏度所需要的热量。

1 千伏安=0.94 千瓦。

4. 主要工业产品计量单位的换算

（1）棉纱：1 大包（件）＝2 中包＝40 小包＝400 磅＝181.44 公斤

（2）棉布：1 匹（一般）＝36.58 米＝40 码

1 磅＝4.5 平方码

1 吨＝9920.8 平方码

（3）卷烟：1 条＝10 盒＝200 支

1 箱＝250 条＝50000 支

（4）火柴：双件＝2000 盒＝200 包

单件＝1000 盒＝100 包

（5）水泥：1 袋＝50 公斤

1 吨＝20 袋

1 桶＝400 磅＝181.44 公斤

（6）面粉：1 袋＝50 市斤＝25 公斤

（7）原油及石油制品

原油：世界平均比重 1 吨＝7.35 桶（每桶为 42 美制加仑）＝1.17 千升

1 升＝0.86 公斤

煤油：1 升＝0.82 公斤

汽油：1 升＝0.73 公斤

（8）沙石：粗细砂（千）每吨占 0.625 立方米

石子每吨占 0.4347 立方米

（泥沙、石子均以立方米为单位，统称土方或石方）

（9）木材：1 材（才）＝0.004356 立方米

1 料＝0.2537 立方米

1 板尺＝0.0035937 立方米

1 市方＝厚 1 市寸、长宽各 1 市丈的木材

（10）砖：一般用耐火砖 1 吨＝310 块

一般用陶土砖 1 吨＝500 块

参考文献

［1］ 贾俊平．统计学：基于 SPSS［M］．北京：中国人民大学出版社，2014.

［2］ 国家统计局．中国主要统计指标诠释［M］．北京：中国统计出版社，2010.

［3］ 杨波．统计人员工作手册［M］．北京：经济科学出版社，2002.

［4］ 国家统计局．统计职业道德规范［M］．北京：中国统计出版社，2002.

［5］ 郑家亨．统计师知识手册［M］．北京：经济管理出版社，1994.

［6］ 周概容．应用统计方法词典［M］．北京：中国统计出版社，1993.